秀吉の対外戦争

変容する語りとイメージ

Hideyoshi's Invasions of Korea : Discourse and Representation in Pre-modern Japan and Korea

【前近代日朝の言説空間】

井上泰至・金時徳

笠間書院

秀吉の対外戦争：変容する「語り」とイメージ

――前近代日朝の言説空間

序

秀吉の朝鮮攻略（文禄・慶長の役）は、東アジアに新たな秩序をもたらした。この戦争によって、朝鮮は疲弊、援軍を出した明にとっては滅亡のひきがねとなり、豊臣政権もこの戦争の後遺症が瓦解の要因であった。しかし、それ以上に、この事件の重要な今日的意義は、日本が中国への朝貢体制から完全に離脱した点にあると思われる。

それは縦軸に捉えてみれば、その三百年後の日清戦争によって、中国の朝貢体制が完全に崩れ、日本をはじめとしてこの地域が近代化してゆく、その前段階と見ることもできる。そして、その間の日本は、「武」の国を標榜し、意識するのだが、そのための重要な歴史的記憶として、この戦争についてては、さまざまな場で、言説が生み出され、表象が流布した。

本書は、この戦争そのものの究明を目的とするものではない。むしろ、この戦争が今日においても、「文禄・慶長の役」「秀吉の朝鮮侵略」（日本）「壬辰倭乱」「壬辰戦争」（韓国）「抗倭援朝」（中国）と、各当事国で、名称が異なるのはなぜか、といった問いが出発点となっている。戦争の事実をどう捉え、どう記憶するかによってそれらは異なってくるが、その違いはそれぞれの国における歴史的・社会的経験による、この戦争についての記憶の仕方に拠るところが大きい。従って、この問題を考えるには、そういう戦争の記憶の根拠にまでさかのぼって考えることが必要となる。

本書は、江戸時代から日清戦争まで、この戦争の言説の中心となった軍記・軍書の実態を整理・俯瞰するとともに、朝鮮・中国側の資料をもにらみつつ、史学・思想・絵画・演劇・近代小説といった、多様な分野との関連・影響・展開を視野に入れて検討する。また、この戦争の記述や表象が、琉球・蝦夷地にも展開し、あるいは結果として通底していたことも明らかにする。

本書の試みは、これまで文学研究・思想史学・史学・美術史学などで単発に検討されてきた、この戦争に関する言説・表象が、軍記・軍書を柱に展開した事実を確認するとともに、江戸から近代に至る日本人一般に広まった東アジアと日本の像とはどういうものだったのかを、そういう言説・表象が生まれ、流布した当時の日本の歴史的・社会的経験に照らして考察した。

細部については、各章の記述に拠られたいが、重要なのは、「武士」の国であり、一種の軍制国家であった近世日本の支配の有り方が、この戦争の記憶には決定的な影響をもたらした、という点にある。また、記録から娯楽へとこの戦争の記憶が一般化するに従って、様々なステレオタイプが生み出されてゆく。その心理的背景は、情報化・国際化時代の今日の我々にとっても無縁ではない、「敵」と「味方」の表象や語り方に通底するものがある。

さらに、十九世紀に至って、欧米列強との緊張が生まれるに至って、この戦争の意義についての見方は変化する。それは東アジア固有の戦争の正義の論理を、日本を主体として読み替え、展開したものであり、その論理は近代における日本の東アジア観、引いては現実の日本・朝鮮・中国の関係に、大きな影を落としたことは否めないことも提示しておいた。

本書を執筆した二〇一〇年は、韓国併合百年の年として、また司馬遼太郎の小説『坂の上の雲』のドラマ化によって、明治時代における東アジアとの関係について、その歴史的意義を考える場が、日本国内の一般にも様々に用意されていた。また、国際情勢に目を向ければ、急速に伸張する中国の政治的・経済的・軍事的影響力と、日清戦争以来喪失していて取り戻しつつある中国の「自信」そのものに、どう対処するかが、日本およびその周辺の国々の問題として前景化してきた、言い換えれば、転換点の年でもあったことは、誰の目にも明らかである。その意味で、本書の考察は、江戸における対外意識や、武士文化の意義を考えると同時に、東アジアにおける日本の立ち位置を長期的視野から考えることにもつながるはずである。

また、本書は、日本と韓国の軍記研究者による共同執筆となる。研究テーマの内容からみて、一国の視点に無意識に支配されることを極力避けるとともに、双方の対話の視点を導入するためでもある。戦争の解釈は、その当事国の各々の戦争の論理に拠る限りにおいて一致点は見出しがたい。しかし、他者の視線・視点を導入してみることで、対話の基盤は見出せる可能性もある。章の分担は分かれるが、原稿を検討し、相互にコメントを付したのも、5章と6章の間に本書のテーマを整理した「対談」を置いたのも、そういう意図もあってのことである。

最後に、文学以外の領域をも含むコンセプトの本書を、どう利用して頂いたらよいか、少し触れておこう。

まず、「正しい」戦争とは本来的にありうるのか、またあるとすればそれは、どのような「語り」によってもたらされるのか。こうした戦争の「正義」をめぐる本質的かつ大きな問いに対して、本書は考察の材料を提供することだろう。特に1章における「異国征伐」思想の概観と9章・10章における近代日本の征韓論や明治維新の輸出についての「語り」を扱った章を併わせて読めば、後付けになりやすい戦争の「正義」の問題が、どのような心理的背景・メカニズムによって浸透してゆくかが見えてくる。本書はその意味で「戦争の思想」を、戦争の「語り」の在り方から問うものとなっている。

また、歴史読み物という、文学と歴史の間に位置する文献のもつ諸問題に関心のある方には、問題を整理する見方がここかしこに潜んでいるはずだ。中世では軍記、近世では軍書・絵本読本、近代では歴史小説へと器を変容させながら、そこに一貫してある問題は、「史実」か「虚構」か、という対比を無化する。書き手は自分の生きている時代の文脈で、ある過去の時代を切り取り、記述してゆく。朝鮮の役の時代、それを記述した江戸から明治、そしてそれを読む現代という三つの時間軸を設定することで、歴史読み物は本当の姿を我々の目の前にあらわす。2章では、日本側が戦争相手国の史料から何を得、何を書かなかったかが論じられているし、5章・6章では、逆に朝鮮側の解釈と誤読が報告されている。国際化した今日の視点から、本書の読み手は対外戦争を記述した作品をどう解釈しうるのか、「生きた」問題として本書のテーマを扱うことができるはずだ。「文学」と「歴史」という双子の分野をめぐる共通性と異質性も本書は提示している。

さらに、戦争を伝える「メディア」の在り方について、一見関係なさそうに見える各章を比較してみると、新たな視点や問題意識が生まれることだろう。歴史読み物は、雑駁な散文の中でも、もっとも多様な目的を盛り込みやすい「器」である。あるときは、ミリタリーへの教育とアイデンティティ形成のために（第3章）、またあるときは歴史をよそおった語りで一般の歴史認識に浸透するために（第4章）、またある時は、皆が知っている「史実」を逆転の発想で読みかえてゆくために（第7章）、はたまた、絵物語化することで、英雄のキャラクター化や自他のイメージの対比のためのイコンを形作ってゆくために（第8章）。日本国内のテクストに限っても、写本・版本、軍書・実録・絵本読本・武家説話・新聞小説と、本書のあつかうジャンルは多様であり、それらの相互の比較のなかから、ジャンルの意味をメディア論的視点から考えることが可能だろう。「戦争」を語り伝える方法と、社会の在り方との関係が、問題としてせり上がってくるはずである。

二〇一一年五月、テロ容疑者の死の報せを受けつつ、井上泰至

【目次】

1

東アジア版「正しい」戦争の語り方

「異国征伐」という思想を読み解く

金時徳

「expression」の対義語が「impression」であることは、日本人にあまり意識されていない。ことばは過去の事実を忠実に再現するのではなく、情報を選択・整理したうえでことばとして「表現」されるものだから、歴史もまた、語り手がことばを通して理解し、ある意味、創作したものであると言い得る（外山滋比古「表現の原理」「表現研究」92）。江戸時代に大量の情報が蓄積され、表現されてきた、朝鮮での戦争の物語は、他の異国との戦争を語る際にも有用な「code（印象を生み出す暗号）」の機能を持つに至ったのである。（井上）

はじめに

近世日本には、海外との戦争をテーマとした数多くの文献が存在した。壬辰戦争をテーマとした「壬辰戦争《じんしんせんそう》文献群」（「朝鮮軍記物」とも）をはじめとして、一六〇九年（慶長十四）に島津氏が琉球国を征服したことをテーマとした「琉球《りゅうきゅう》戦争文献群」（「薩琉軍談」とも）、蝦夷・ロシアを相手として蝦夷地で繰り広げられた、長期間にわたる紛争をテーマとした「蝦夷《えぞ》戦争文献群」などは、江戸時代の直前および江戸前期に発生した戦争をテーマとした文献群である。一方、所謂「神功皇后の三韓征伐」や百済への援軍派遣をテーマとした「三韓《さんかん》戦争文献群」、モンゴル・高麗連合軍の侵略に対抗する戦争をテーマとした「モンゴル戦争文献群」、台湾をめぐる明・清・オランダ・日本の衝突をテーマとした「台湾戦争文献群」など、神話時代から近世に至る時期の対外戦争をテーマとする文献も、江戸時代には多数著された。

そして、これらの文献を代表するのが壬辰戦争文献群である。壬辰戦争文献群が代表性を有する理由は三つある。まず、江戸時代の直前に発生した壬辰戦争のことを扱う文献は、江戸時代の全時期にわたって、質量ともに豊かに作られた。また、壬辰戦争文献群は、先行する文献と後続する文献との間に継承意識が明確に確認されるため、対外戦争に関する近世の言説がどのように展開されたかを考察するのに便利である。最後に、壬辰戦争文献群の諸文献は、中世以来の書写伝統を継ぐ写本としてだけでなく、近世の出版文化の産物である板本としても製作されたので、写本・板本両方の文献の考察を通して、近世日本の文字文化の展開の様子を把握することができる。
琉球戦争文献群の場合は、壬辰戦争文献群の二つ目の特徴を有する。琉球戦争文献群の初期段階に当たる短編的な写本群が現れたのは十八世紀の中頃以降と思われ、短編的な写本群を集成した『島津琉球軍精記《しまづりゅうきゅうぐんせいき》』が登場したのは十九世紀の初めであった▼注1。琉球戦争文献群のほぼ唯一の刊本で、『島津琉球軍精記』を底本とする『鎮西琉球記《ちんぜいりゅうきゅうき》』・『絵本琉球軍記《えほんりゅうきゅうぐんき》』は十九世紀の中期に刊行された▼注2。琉球戦争文献群は、主に写本として作られてきたのである。

蝦夷戦争文献群の場合は、琉球戦争文献群よりも複雑である。蝦夷戦争文献群の歴史的・文化的な背景としては、鎌倉幕府の初代将軍である源頼朝（一一四七―九九）の弟の源義経（一一五九―八九）が北方に逃れたという「義経入夷説《よしつねにゅういせつ》」、一六六九年（寛文九）に起きたシャクシャイン▼注3の戦い、十八世紀の後期頃から本格化するロシアの南下などの事件が存在する。これらの事件は、それぞれ多数の写本の文献を産出したが▼注4、蝦夷地《えぞち》の動向に関する情報の拡散を嫌った幕府の検閲のために、この種の文献が出版されることは殆どなかった▼注5。また、壬辰戦争文献群における『朝鮮軍記大全《ちょうせんぐんきたいぜん》』・『朝鮮太平記《ちょうせんたいへいき》』や、琉球戦争文献群における『島津琉球軍精記』のように、北方を舞台とする諸文献を集成した文献・言説は遂に現れなかった。これは主に、ロシアとの衝突に触れるのが憚られたことと、江戸時代が終わるまで、蝦夷地での紛争が収束しなかったことによると思われる。壬辰戦争文献群や琉球戦争文献群の場合は、戦争が終結してかなりの時間が経っていたため、起承転結の構造を有する完結した言説が出来上がった。これに比べ、蝦夷戦争文献群の言説は、事実上未完成に終わった。従って、対外戦争に関する近世日本の考え方を把握するための最適の対象は壬辰戦争文献群ということができる。

壬辰戦争文献群を軸として近世日本の対外戦争文献群を鳥瞰すると、下部と上部の二つの層位における共通性が見受けられる。下部層位の共通性とは、壬辰戦争文献群の諸文献の文章やエピソードを、その他の対外戦争文献群が借用することによって発生する、直接的な影響関係によって生まれた共通性を意味する。これは、壬辰戦争文献群と琉球・三韓戦争文献群との間に見受けられる。一方、上部層位の共通性とは、それぞれの文献群が対外戦争を正当化する論理を共有することによって発生する、間接的な類似性を意味する。蝦夷戦争文献群の場合、壬辰戦争文献群からの直接的な影響は認められない。しかし、日本勢の蝦夷地への「進出」と、日本（が征服した蝦夷の領域）を「侵略」するロシア勢力への対抗を正当化する論理が、蝦夷戦争文献群においては積極的に展開される。このような正当化の論理は、壬辰戦争文献群・琉球戦争文献群・三韓戦争文献群においても同じく展開される。

壬辰戦争文献群の展開

対外戦争文献群に見受けられる、二つの層位における共通性を詳述する前に、壬辰戦争文献群の展開を概観し、その他の対外戦争文献群に影響を及ぼし始める時期を略述する。

第一期：参戦した当事者や周辺の人々による覚書・聞書・記録が蓄積し、それらを集成した『太閤記《たいこうき》』（一六三七年（寛永十四）三月以前に刊行）所収の壬辰戦争記事（巻十三―十六）が成立するまで。

第二期：十七世紀の前期に『両朝平攘録《りょうちょうへいじょうろく》』（一六〇六年（万暦三十四）序）・『武備志《ぶびし》』（一六〇七年（万暦三十五）起稿、一六二一年（天啓元）完成）のような中国・明朝の関連文献が日本に将来され、日本と中国の情報を集成した『朝鮮征伐記《ちょうせんせいばつき》』（一六五九年（万治二）刊）・『豊臣《とよとみ》秀吉譜《ひでよしふ》』（一六五八年（明暦四）刊）などの文献が成立するまで。

第三期：十七世紀の後期に『懲毖録《ちょうひろく》』（一六四二年（仁祖二十）刊）・『西厓先生文集《せいがいせんせいぶんしゅう》』（一六三二年（仁祖十）刊）のような韓国の関連文献が日本に将来され、戦争の当事国であった東アジア三国の関連文献が日本に集結することになり、それらを集成した『朝鮮軍記大全』と『朝鮮太平記』（4章参照）が一七〇五年（宝永二）に刊行されるまで。

第四期：読本の『絵本太閤記《えほんたいこうき》』（一七九七年（寛政九）―一八〇二（享和二）刊、8章参照）と『絵本朝鮮軍記《えほんちょうせんぐんき》』（一八〇〇年（寛政十二）刊）が成立する十九世紀初期まで。

第五期：『絵本太閤記』・『絵本朝鮮軍記』以後、明治初期に至るまで。

全五期にわたる展開のなかで、壬辰戦争文献群が対外戦争文献群に直接的な影響を及ぼし始めたのは第四期からである。琉球戦争文献群と三韓戦争文献群とは、第三期に日本に将来された

『懲毖録』や、その影響を受けて成立した『朝鮮軍記大全』・『朝鮮太平記』・『絵本太閤記』などの文献の直接的な影響を受けている。壬辰戦争文献群と蝦夷戦争文献群との両方の文献を著した作者が現れたのも第四期からである▼注6。壬辰戦争文献群と琉球・三韓戦争文献群との間の影響関係（下部層位）に関しては省略し▼注7、ここでは、近世日本の対外戦争文献群に共通する、戦争の正当化論理（上部層位）について説明する。

対外戦争文献群における「征伐」の正当化─「攻撃の論理」と「防御・反撃の論理」─

対外戦争文献群で異国との戦争が述べられる際は、古代中国の華夷《かい》思想《しそう》に基づく「征伐」という概念を以て、日本側の異国への武力使用を正当化する傾向が見受けられる。異国との戦争を、日本による異国「征伐」として正当化するために、対外戦争文献群においては、「攻撃の論理」と「防御・反撃の論理」といった二つの論理が展開される。「攻撃の論理」とは、日本の攻撃を受ける相手国が、「淫楽《いんらく》」・「奸臣《かんしん》」・「虐政《ぎゃくせい》」・「忘戦《ぼうせん》」・「非礼《ひれい》」などの非道徳的な要素（征伐要素）を内在していたと主張することによって、日本側の武力使用を正当化することである。「防御・反撃の論理」とは、日本が異国からの侵略を受けたか、もしくは、侵略が予想されるので防御・反撃するということである。

まず、「攻撃の論理」によると、五つの征伐要素を有する異国を「征伐」する日本軍は、東アジアの伝統的な道徳の根拠である「天」を代行して相手国を懲罰する正義の軍隊となる。ところで、五つの征伐要素が出揃った時期や、五つのうちの特定の要素が強調される時期は、それぞれの対外戦争文献群によって相異なる。まず、華夷思想に根本的に反する罪と見做された「非礼」は、すべての対外戦争文献群の最初の段階から現れる。「虐政」・「忘戦」の二つの要素は、比較的政治色の濃い文献において強調される。壬辰戦争文献群を例に挙げると、江戸時代初期の儒学者である林羅山《はやしらざん》（一五八三―一六五七）の『豊臣秀吉譜』や、江戸時代中期の儒学者である貝原《かいばら》益軒《えきけん》（一六三〇―一七一四）の『黒田家譜』のような儒学者の文献、また、江戸時代後期の『両国壬辰実記《りょうこくじんしんじっき》』・『征韓偉略《せいかんいりゃく》』のような文献において、「虐政」・「忘戦」の二要素ははっきりと現れる。これに対し、「淫楽」・「奸臣」の二要素は、比較的娯楽性の濃い文献によく見られる。それは、この二要素が善悪の対立構図を提示するのに便利だからである。御家騒動的な葛藤構図を文献の枠に採用することの多い、『絵本太閤記』・『鎮西琉球記』・『絵本琉球軍記』・『義経蝦夷勲功記』のような後期読本において、二要素は頻繁に現れる。そして、「虐政」・「忘戦」と「淫楽」・「奸臣」との両側面を併せ持った文献として、『朝鮮軍記大全』・『朝鮮太平記』のような十八世紀初期の通俗軍談が注目される▼注8。

五つの征伐要素の実際例を、貝原益軒の文章から確認する。彼は『懲毖録』の和刻本である『朝鮮懲毖録』（京都・一六九五年刊）の序文で「天下雖安、忘戦則必危」（天下が安泰といえども、戦争を忘れると必ず危うくなる）と述べた後、壬辰戦争が勃発した責任の一部は朝鮮側にあったと主張する。

韓人之脆弱而速敗瓦解土崩者、繇ニ教養無レ素守禦失レ道、故不レ能レ用ニ応兵一。是所レ謂忘レ戦者也。嗚呼、朝鮮之国勢危殆而幾レ亡者職レ此而已。宜哉、柳相国之作ニ『懲毖録』一也、是観ニ前車一而戒ニ後車一之意也▼注9。

（韓人は弱くて、瓦解し土崩するように速やかに敗れた。これは、常日頃守備する方法を訓練してこなかったため、日本軍に応戦して部隊を動かすことができなかったのである。これが所謂「戦いを忘れる」ということである。ああ、朝鮮の国勢が危なくなり、殆ど滅んだのは専らこのためである。当然である、柳相国が『懲毖録』を著したのは、前の過ちを省みて後の過ちを戒めるという意味である。）

忘戦した朝鮮側にも責任があるといった貝原益軒の右の主張に類似する論理を、江戸時代後期の儒学者である朝川同斎《あさかわどうさい》（一八一四―五七）も、安邦俊《あんばんじゅん》（一五七三―一六五四）作『隠峰野史別録《いんぽうやしべつろく》』の和刻板（一八四九（嘉永二）年刊）の序文において展開する。

朝鮮自ニ昭敬一而上、国家閒暇、到レ是君臣上下、居レ安忘レ危、漸以解弛淫奢。隳レ綱紊レ紀、内廃ニ休養之政一、外失ニ海関之防禦一。蓋其蓄弊胎禍、固已久矣。一旦戎釁啓動。辺候報レ急、而尚且信ニ両面之姦諛一、沮ニ淑儻之忠謀一。加レ之張ニ皇虚威一、軽ニ朦強国一。宜乎、神兵天降、電戈一指、而人情波駭、大勢挫衄、三都失レ守、八道瓦解、弥天之恥、傾レ海不レ可レ洗也。孟子曰、国必自伐、而後人伐レ之、禍福無下不二由レ己求レ之者上。苟内治之無レ玷、豈外患之易レ乗哉▼注10。

（朝鮮は昭敬（＝戦争当時の国王の宣祖）の御代に平和を謳歌した。君臣ともに安楽に溺れて危機への備えを怠り、だんだん淫奢に陥った。国の紀綱は乱れ、国内では休養の政を廃し、対外的には海関の防禦を失った。このように病弊が蓄積されて久しかった。異国の夷が一度動き出すと、辺境の警備がそれを急報したが、それでもなお二心の奸臣の言葉を信じて忠臣の献策を拒んだ。しかのみならず、虚威を張って強国（＝日本）を軽んじ無視した。当然である。神兵が天降りして雹のように干戈を一振りすると、（朝鮮の）人々は大いにふるえおののいたので、三都は守られず八道は瓦解した。この恥は海水を丸ごと使っても洗いきれない。孟子は「国は必ず自ら伐して後に人がそれを伐する」と言った。禍福の根源は自分自身に求めるべきである。ましてや、内治が乱れていないとしたら、どうして簡単に外患が起きることがありえるだろうか。）

貝原益軒は朝鮮の「忘戦」のみを批判した反面、朝川同斎は朝鮮の「君臣ともに安楽に溺れて危機への備えを怠り、だんだん淫奢に陥った」として、批判の焦点を「淫楽」に当てる。そして、「国は必ず自ら伐して後に人がそれを伐する」（国必自伐、而後人伐之）という『孟子』「離婁上」の一文を引用して、壬辰戦争は朝鮮が自ら招いた外患だったと主張する。

ところで、相手国の「非礼」・「忘戦」・「淫楽」などの要素を強調することによって、自らの侵略行為を征伐として正当化する論理は、前近代の中国の文献にも見受けられる。例えば、中国・清代の白話小説である『水滸後伝《すいここうでん》』第十二回で、暹羅《シャム》（タイ）を侵略した梁山泊の残党は、彼らの侵略に抗議する暹羅国王の馬賽真《ばさいしん》に対し、

普天之下、莫非王土。率土之浜、莫非王臣。我大宋中外一統、列聖相伝、歴世已久。今天子聖仁英武、荒裔要服、無不重訳来朝。貴国並不朝貢、有失以小事大之体、故遣征東大元帥率領雄兵十万、戦将百員特来問罪。（第十二回、七ウ・八オ）▼注11

（普天の下に王の土地でないところはなく、率土の浜に王の臣下でない人はいません。わが大宋は、中外を一統して以来、聖人が帝位を受け継いだことは久しいのです。今の天子は聖仁・英武にして荒い夷らも服属し、何度も通訳を重ねてでも来朝しています。（そんな中、）貴国がわが国に朝貢しないのは、小国が大国に仕えるという天理に外れるため、（天子は）征東大元帥に雄兵十万人・戦将百人を従え、罪を問わせるために派遣させたのです。）

と、自分らは暹羅の「非礼」を罰するために、天の御子である中国天子の命を受けて派遣された正規軍であるとの偽りの主張を展開する。また、右の引用文の前後には、暹羅の政治が乱れ、奸

臣が勢力を得ているとの記述が見られる。『水滸後伝』の例からも分かるように、「非礼」をはじめとする征伐要素を挙げることによって自国の侵略を正当化する論理は、中国にも存在した。中国・明代の文献である『両朝平攘録』・『武備志』においては、以上の征伐要素が壬辰戦争直前の朝鮮国に存在したと主張される。そして、朝鮮が日本から侵略されたのは、朝鮮の内在的な要因による当然の結果であったと述べられる。

朝鮮国王李昖、在位日久、政務廃弛、邪臣柳承寵・李徳馨等、諛佞逢合、忠直見疎、且国中久不被兵、民不習戦、聞倭兵猝入、君臣束手、百姓逃奔山谷、守土者望風迎降。以故二酉不両月、破朝鮮三道。（中略）時平安・黄海・忠靖已破、慶尚・全羅、危在旦夕。国王北奔義州。（中略）朝鮮国王絡繹奏報、挙朝驚愕。（『両朝平攘録』巻四上、十ウ・十一オ）▼注12

（朝鮮国王の李昖は在位して久しくなって政務は乱れ、柳承寵・李徳馨のような邪臣が諂い、忠直の臣下は疎まれた。また、国は永く侵略されてこなかったため、人民は戦いに備えた訓練を怠っていた。従って、倭兵が乱入したと聞いても君臣は何もできず、百姓は山谷へと逃げ、守備する兵士らは遠くに敵を見ては降参した。これによって、小西・加藤は一ヶ月にも満たないうちに朝鮮の三道を破った。（中略）時に平安・黄海・忠靖の三道は既に破られ、慶尚・全羅も風前の灯であった。国王は北方の義州へと奔走した。（中略）朝鮮国王が次々と倭兵の侵略を報告すると、（明）朝廷の君臣は皆驚いた。）（『武備志』所収の文章も類似）

『両朝平攘録』・『武備志』では、朝鮮国王は「淫楽」し、朝廷では「奸臣」が勢力を得て、国民は「忘戦」したと主張され、この三つの征伐要素によって日本の侵略を受けたと主張される。そして、右の引用文に続く文章では、明は日本の侵略に応戦できなかった朝鮮側の援軍要請を受けて出兵したとして、壬辰戦争当時の明軍の役割を強調する。

『両朝平攘録』・『武備志』などにおける、壬辰戦争の勃発の原因の一部は朝鮮側にもあったといった主張は、

> 朝《てう》せん国《こく》の王李昖《わうりせう》、くらゐに在《います》事日ひさしく、政道《せいたう》すたれみだる。此故に賢臣《けんしん》しりぞけられて、小人《せうじん》時をえしかば、邪臣柳承《じやしんりうせう》・李《り》寵《てう》・李《り》徳馨等《とくけいとう》、諂諛《てんゆ》のことばをかざり、忠直《ちうちよく》の人をうとんじ、国家《こくか》の兵《へい》をしらず、万民《はんみん》たゝかひをわすれければ、日本の大兵《へい》着津《ちやくしん》するを聞て、君臣《くんしん》手をつかねて十方《とはう》にくれ、百姓《しやう》山谷《ざんこく》ににげかくる。（中略）平安《べあん》・黄海《へはい》・忠清《ちぐしやぐ》の三道《たう》すでにやぶれ、慶尚道《けくしやくだう》・全羅道《てんらだう》も城をあけ、過半《くははん》をちうせ、のこる城《しろ》とては十分《ぶん》が一もなかりけり。（中略）国王《こくわう》大きにおどろひて、急《きう》に大明《たいみん》につげ、救兵《すくひのへい》を乞《こふ》事、夜昼《よるひる》ひきもきらず。大明《たいみん》此奏報《そうほう》を聞て、群臣《ぐんしん》みなをとろきさはぎ。
>
> （『朝鮮征伐記』巻一、二十八ウ・二十九オ・三十ウ・三十八オ）▼注13

のように、近世日本の壬辰戦争文献群に受け入れられ、貝原益軒・朝川同斎らの主張を裏付ける根拠になったと思われる（「壬辰戦争の際に朝鮮を助けた明側の文献にこのように記されているから、これは事実だったろう」といった風に）。

また、壬辰戦争文献群に見られる征伐論理に近似する論理が琉球・蝦夷戦争文献群にも見受けられる。十九世紀中期の文献である『絵本琉球軍記』巻十で、琉球国を征服した島津忠久《しまづただひさ》（？―一二二七）は、自分の軍事行動を次のように正当化する。

琉球《りうきう》は朝鮮《てうせん》の属国《ぞくこく》たりといへども、彼国《かのくに》暗弱《あんじやく》にして近来《きんらい》不道《ふだう》なるにより随《したが》はざるよし。殊《こと》更此国《さらかのくに》より年々《とし〳〵》商船《しやうせん》を我薩州《わがさつしう》に送《おく》り交易《かうえき》をなして当国《たうこく》の不具《たらざる》を償《つくな》ふ。左《さ》すれば其好身深《そのよしみふか》かるべきに、一度《いちど》の礼節《れいせつ》をもなさゞるは、是自立《これじりつ》の志《こゝろざし》あるに似《に》たり。加之《しかのみならず》国家《こくか》の平安久《へいあんひさ》しきに任《まか》せ、上下《じやうか》共《とも》に奢侈《おごり》を極《きは》め聊《いさゝ》も法令《ほうれい》を事《こと》とせざるよし、是等《これら》の風説《ふうぜつ》我国《わがくに》に達《たつ》しけるにより某《それがし》に台命《たいめい》あり。（中略）満《みつ》れば欠《かく》る天地《てんち》の理《り》なり。当時足下《たうじそくか》の栄花《えいぐは》日々《ひゞ》に増長《ぞうちやう》し至極《しごく》の時節《せつ》なれば、天《てん》より是《これ》を欠《かく》べき事又遠《ことまたとを》かるまじ。然《しか》る時《とき》は自業自得《じごうじとく》の罪《つみ》にして、天《てん》の冥慮《めうりよ》に背《そむ》くなれば、国家亡《こくかほろ》びて元《もと》に帰《き》する事《こと》はあるまじ。然《しか》れども今人《いまひと》の為《ため》に罪《つみ》を責《せめ》られ誤《あやま》つて非《ひ》をあらため、今《いま》よりして天理《てんり》に従《したが》ふ心あらば、国亡《こくぼう》の災《わざは》ひをまぬがれて安泰《あんたい》なる事疑《ことうたが》ひなし。是《これ》を以《もつ》ておもんみれば、今足下我日本《いまそくかわがにっぽん》に降伏《かうふく》せらるゝは、未《いま》だ天《てん》の冥慮《めうりよ》に外《はづ》れざる所《ところ》なれば努々《ゆめ〳〵》疎《おろそか》に思《おも》はるゝ事なかれ。

（後編巻十、二十オ―二十二オ）▼注14

右の引用文において、島津忠久が琉球征伐を正当化する理由は、①「琉球は朝鮮の属国たりといへども、彼国暗弱にして近来不道なるにより随はざる」、②「此国より年々商船を我薩州に送り交易をなして当国の不具を償ふ。左すれば其好身深かるべきに、一度の礼節をもなさゞるは、是自立の志あるに似たり」、③「国家の平安久しきに任せ、上下共に奢侈を極め聊も法令を事とせざる」の三つである。まず、①は琉球戦争文献群独自の論理で、壬辰戦争文献群には見られない▼注15。次に、日本に対する琉球国の「非礼」を批判する②の論理は、壬辰戦争文献群にも度々見受けられる。壬辰戦争文献群の記述によると、豊臣秀吉は、明を征服して自ら明の皇帝になることを明側に伝えるよう、朝鮮国に要求したのに、朝鮮からの返信がないのは「非礼」であると批判し、朝鮮を征伐してその罪を問うと主張する。最後に、③の論理を以て琉球国の君臣の「淫楽」を非難する。この文献では、琉球国王の尚寧《しょうねい》の「淫楽」と、奸臣らの罪状が執拗に描かれる。

以上のように、「攻撃の論理」を展開するためには、五つの征伐要素を挙げて軍事行動を正当化する過程が必要であった。これと比べると、「防御・反撃の論理」の展開は簡単である。すでに起きた、もしくは予想される、異国からの侵略が描かれればすむのである。この論理によると、日本の軍事行動は異国からの侵略に対抗する戦争になる。

ところで、「攻撃の論理」と「防御・反撃の論理」とは別のものではなく、連動するということ

とに注意しなければならない。例えば、壬辰戦争の開戦を宣言する豊臣秀吉の言葉、

古来中華之侵二我国一者屢矣。然本朝伐二外国一者、神功皇后西二征三韓一之後、千歳寥々。（『豊臣秀吉譜』中）▼注16

（昔より中華が我が国を侵略したのは度々だったが、本朝が外国を征伐したのは、神功皇后が三韓を西征して以来、千年間希《まれ》であった。）

には二つの論理が混在する。日本は海外からの数多くの侵略を受けてきたと主張することによって、壬辰戦争の侵略戦争としての性格をあいまいにし、あたかも、壬辰戦争が防御戦争だったかのように誤魔化すのである。『懲毖録』巻一によると、壬辰戦争の際に対馬の宗義智《そうよしとし》（一五六八―一六一五）に随行した僧侶の景轍玄蘇《けいてつげんそ》（一五三七―一六一一）は、壬辰戦争は、一二七四・八一年の二回にわたるモンゴル・高麗連合軍の日本侵略への報復であると主張する。前近代の日本には、モンゴル・高麗連合軍の日本侵略への報復として豊臣秀吉が戦争を起こしたといった言説が存在したことが分かる。

「防御・反撃の論理」が最も顕著なのは三韓戦争文献群である。三韓戦争文献群の初期段階の文献である『日本書紀』巻八・九には、神功皇后を神託によって新羅を征服し、高麗・百済も自ら降伏したという内容の神話が載っている。『日本書紀』には、神託以外に、新羅が日本の侵略

を受けなければならない理由は挙げられていない。しかし、モンゴル・高麗連合軍の侵略を受けた十三世紀以降に著された『八幡愚童訓』などには、中国・韓国の諸王朝による（仮想の）日本侵略の歴史が長く述べられた後、新羅軍が日本を侵略して仲哀天皇を殺害したので、神功皇后は報復として新羅を征伐したと記されている。モンゴル・高麗からの被害意識が神話時代に投影されたのである。そして、十八世紀の前期には、

防二禦外夷入寇之害於未然一。（渓岑尾『三韓征伐論』）▼注17
（外夷が入寇する弊害を未然に防いだ。）

のように、「神功皇后の三韓征伐」を、予想される新羅の侵略に対する予防戦争として正当化する論理が登場し▼注18、やがて、十九世紀の初期に著された『三韓退治図会』などの文献に形象化される。このような予防戦争の論理が登場した背景には、十八世紀の中期から本格化したロシア勢力の南下といった歴史がある。ロシアとの衝突が、モンゴル・高麗連合軍の侵略に対する被害者意識を蘇らせたといえる。

ロシアとの衝突に限らず、蝦夷地では長期間にわたる紛争が繰り広げられ、これらをテーマとする文献も数多く著された。これらの文献に好んで取り上げられる言説は、源《みなもとの》義経《よしつね》が蝦夷地に逃れたという内容の「義経入夷説」である。歴史的には、義経は現在の岩手県の衣川《ころもがわ》で戦死し

た。ところで、『御曹司島渡り《おんぞうししまわたり》』のような文献が伝える中世の言説によると、義経は少年期に蝦夷地に渡った経験があるという。近世になって、北海道の蝦夷に対する松前藩の支配が強化されると、シャクシャインは一六六九年に戦争を起こした。この戦争は日本人に大きな衝撃を与え、「義経入夷説」の内容にも変化を起こした。この変改に関して、菊池勇夫氏は次のように指摘する。

松前地方では、寛文期前後の段階で、おそらくは『御曹司島渡り』をベースに、またシャクシャイン蜂起に触発されながら、義経伝説がアイヌ社会を巻き込んで義経＝オキクルミ説、シャクシャイン＝義経末裔説などが言い出されていたものと思われる。これは元来、義経不死＝入夷伝説を必ずしも前提としなくてもよい物語形成である。不死＝入夷説による解釈のしなおしは、松前社会で自生的に生まれうる可能性を完全に否定はできないにしても、それよりは中央との接触のなかで生まれ、成長したというのが本稿の推定である。そのような松前における義経伝説の痕跡が、元禄～享保期の文献の随所に表われていたことはすでに指摘してきた通りである。しかし、中央における入夷伝説の形成は、松前の義経伝説をそのままの形で受容したのではなく、中央の論理にふさわしいように取捨し、読みかえし、あらたに編成しなおす過程であったことが重要である。（中略）民衆意識には確かに『義経記』以来の義経に対する判官びいきが存在したと認めても、また地方の視点に立てば松前などでアイヌをとらえこんだ義経の蝦夷地活躍物語が生まれ、展開しつつあったとしても、それらの義経物語を「蝦夷征伐」の観点から不死＝入夷説に再編・体系化していったのは、やはり中央における学者や作者など知識階級の力をまたねばならなかったといえる。入夷伝説は民衆の創造ではなく、受容によって全国的・民族的規模にまで広まったものである▼注19

中世の「義経入夷説」によると、義経が蝦夷と接触したのは少年期であった。しかし、日本人による北海道支配が加速し、蝦夷側の反発がシャクシャインの戦いという形で現れると、「義経入夷説」の内容は、義経が兄の追跡を避けて蝦夷地に渡り、蝦夷を統治し、死後に蝦夷の神となったという風に変化する。日本人の支配に対する蝦夷の反発を和らげ、日本の蝦夷地支配を正当化するために、中央の知識人層が「義経入夷説」を改変したのである。その後、ロシアとの衝突が頻発すると、「義経入夷説」を扱う諸文献においては、蝦夷の野蛮性と日本人の文明性を対比し、義経の蝦夷「征伐」を正当化する主張が頻繁に現れるようになる。島津久基の次の文章は、近世における「義経入夷説」の変遷を簡潔に提示する。

初めは義経が島人を撫育し（『本朝武家功名記』）、又は島人の為に外夷を攘ひ、恩を示して彼等の心を攬り（『源義経将棊経』）、或は単に義経の威風若しくは武名に畏服して、大王と仰ぐ（『花実義経記』）のである（ついでに、和田合戦後行方を晦ました朝比奈義秀まで渡島してこの義経大王に仕へるとした『鎌倉大系図』、これを承けた『源氏大草紙』等は朝夷島巡の伝説に結びつく甚だ自然な構想を案出したものといふべきである)。然るに後に至っては、義経は蝦夷を侵略し、これに抵抗する土人と戦って、終に之を征服することとなって、その土人との戦況を詳説するに至った（『通俗義経蝦夷軍談』・『義経蝦夷勲功記』等）。即ち初めは恩と威とを以て、後には力と謀とを以てすることとなったのである▼注20。

また、南豊亭栄助《なんぽうていえいすけ》という名の講談師が、東北諸藩連合海軍とロシア軍との仮想の海戦を描いた『北海異談《ほっかいいだん》』を刊行しようとして、処刑されたこともあった。蝦夷地をめぐってロシアと衝突するようになった十八世紀中期以降の文献は、蝦夷を野蛮な存在として描き、また、異国（作中にロシアを登場させると検閲の対象になるため、主にモンゴルが登場する）による蝦夷侵略を日本側が防いで「あげた」といったような論理を展開して、日本による蝦夷地の支配を正当化する。と同時に、蝦夷地の支配を図るロシアに対しては、被害意識と危機感を強調する姿勢を取る。「攻撃の論理」と「防御・反撃の論理」とが混在しているのである。二つの論理の混在を象徴する文献の一つが、十八世紀後期に著された『通俗義経蝦夷軍談《つうぞくよしつねえぞぐんだん》』である。この文献の巻二―四の内容によると、北方に逃れた義経一行は、松前を支配する蝦夷の頭領の桂呂仁《けいろじん》から、蒙賊《モンゴル》の侵略を退いてくれるよう要請される。桂呂仁の要請を受けた義経は、蝦夷地の支配を夢見るようになる。

何《ナニ》トゾシテ蝦夷《エソ》ヲ寄伏《キフク》サセ、靺鞨《マカツ》・蒙古《モウコ》マデモ攻入《セメイリ》、日本ノ威風《イフウ》ヲ示《シメ》シ、再《フタヽ》ヒ隣島《リンタウ》ヲ侵《ヲカ》ス事《コト》ナク、此地《コノチ》ノ患《ウレイ》ナカラシメン事ヲ欲《ホツ》ス。（巻二「義経再遇桂呂仁」十六オ）

蝦夷地の内部に向かった義経軍の鈴木三郎は、上《かみ》ノ国《くに》の棟梁の満天仁《まんてんじん》をだまして殺したあと、次のように主張して、自分の行動を正当化する。

我々《ワレ〳〵》此地《コノチ》ニ来ル事、余《ヨ》ノ儀ニアラズ。蒙古《モウコ》ノ賊《ソク》ヲ退《シリゾ》ケ、民《タミ》ヲ安《ヤス》ンセン為《タメ》ナリ。汝等《ナンジラ》ガ主《シュ》ト頼《タノム》ム満天仁《マンテンシン》ハ仁義《シンキ》五常《コシヤウ》ヲ知《シ》ラズ、無道《ムタウ》ニシテ民《タミ》ヲシヘタグ。此《コヽ》ヲ以テ国人《クニタミ》甚《ハナハ》タ怨《ウラミ》ヲフクム。故ニ今是ヲ殺害《セツカイ》ス。汝等《ナンジラ》、我《ワレ》ニ従《シタガ》フベシ。命《イノチ》ヲ助《タス》ケ永《ナガ》ク国民《コクミン》ヲ救《スクワ》ン。（巻四「亀井・鈴木取上ノ国」、十七ウ）▼注21

満天仁の「虐政」を挙げて、満天仁の暗殺と上ノ国の征服を正当化した後、日本に従う者はモンゴルの侵略から守ってやるが、日本に敵対するものは殺すとして、蝦夷を従えるための両面作戦を駆使する。これと似たような論理が、近松門左衛門の浄瑠璃『源義経将棋経《みなもとのよしつねしょうぎきょう》』にも見受けられる。二つの文献が執筆された十八世紀は、ロシア・蝦夷・日本の三者の衝突が本格化した時期であった。蝦夷地の不穏な情勢が、日本の知識人層をして、日本はロシアの侵略から蝦夷を保護するために蝦夷地を支配しているのであり、日本はロシアの侵略から日本（と、日本の支配化の蝦夷地）を保護するための正当な戦争を実行していると思わせたのである。

おわりに

以上の分析から、近世日本の対外戦争文献群においては、異国に対する日本の武力行使を、「攻撃の論理」と「防御・反撃の論理」との二つの論理によって正当化する傾向が確認された。そこには、正当なる戦争を実行する日本軍が遂に勝利するといった結論が生み出されていた。ところで、江戸時代の時間的な経過と共に、日本の征伐軍は簡単に勝利を収めたのではなく、野蛮で好戦的な異国の軍隊に対する数的劣勢にもかかわらず、天の助けと武将・兵士の策略によってやっと勝利した、といった劇的なストーリーが展開されるようになる。このようなストーリーを作り上げるために、異国征伐戦争の全局面のうち、ある箇所は強調され、ある箇所は脱落し、ある箇所に関しては史実の改変が行われる。著者の意図を表わすために史実を改変した文献の早い例として、小瀬甫庵《おぜほあん》（一五六四―一六四〇）の『太閤記』を挙げることができる▼注22。小瀬甫庵は、善が栄え、悪が滅びるといった自らの性理学的な主張を展開するために、史実の改変を頻繁に行った▼注23。一方、十八世紀前期の通俗軍談や十九世紀初期の読本のように、商品としての性格の強い文献の場合は、先行文献よりもっと劇的な展開のストーリーを求める需要に応えるために、史実の改変を行った。このように、対外戦争文献群の展開と商業出版の発展とが連動するということは、近世以前の対外戦争文献群と近世のそれとの間の大きな違いであって、商業出版における愛国主義《ショービニズム》の助長といった現象がこの時期に出現したことを示す。そして、このような特徴を代表するのが壬辰戦争文献群なのである。

注

1▼拙著『異国征伐戦記の世界―韓半島・琉球列島・蝦夷地』（笠間書院、二〇一〇年）の第二章・第二節を参照。

2▼宮田南北作・故岡田玉山画の前編『鎮西琉球記』は一八三五年（天保六）刊。故宮田南北作・松川半山画の後編『絵本琉球軍記』は一八六四年（文久四）刊。

3▼アイヌ語では Saksaynu、Samkusaynu と表記する。

4▼各事件毎の主な文献名を挙げる。まず、義経入夷説のことを扱った文献には、近松門左衛門の浄瑠璃『源義経将棊経』（一七一一年以前に初演）、馬場信意の通俗軍談『義経勲功記』（一七一二年刊）、滕英勝の通俗軍談『通俗義経蝦夷軍談』（一七六八年刊）、都賀庭鐘の読本『義経盤石伝』（一七八三年成立、一八〇六年刊）、永楽舎一水作・橋本玉蘭画『義経蝦夷勲功記』（一編・一八五三年、二編・一八五四年、三編・一八五五年、四編・一八五七年刊）などがある。次に、シャクシャインの戦いのことを扱った文献は、勘右衛門口述・松宮観山筆写『蝦夷談筆記』（一七一〇年成立）や、この文献を講談化した『蝦夷一揆興廃記』などがある。最後に、ロシアとの紛争をテーマとした文献には、講談師・南豊亭栄助『北海異談』（一八〇七年成立）、森島中良（一七五六？―一八一〇）『泉親衡物』（一八〇九年刊）などがある。東北諸藩連合海軍とロシア軍との仮想の海戦を描いた『北海異談』巻六には、朝鮮からの通信使がロシアのスパイであると記されていて興味深い（北海道大学付属図書館・北方資料室所蔵本による）。

5▼ロシア、またはロシアを連想させるモンゴルなどの異国を登場させる文献に対する幕府の検閲に関しては、高橋圭一『実録研究―筋を通す文学』（清文堂、二〇〇二年）、佐藤悟「文化元年の出板統制と考証随筆―『絵本太閤記』絶板の影響」「文学」八―三（岩波書店、二〇〇七年・五―六月）などを参照。

6▼馬場信意の『朝鮮太平記』（一七〇五年刊）と『義経勲功記』（一七一二年刊）、滕英勝の『朝鮮年代記』（一七六三年刊）と『通俗義経蝦夷軍談』（一七六八年刊）、橋本玉蘭画・鶴峰戊申序の『絵本朝鮮征伐記』（前編・一八五三年刊、後編・一八五四年刊）と『義経蝦夷勲功記』（一編・一八五三年刊、二編・一八五四年刊、三編・一八五五年刊、四編・一八五七年刊）など。

7▼注一拙著の第二・三章を参照。

8▼井上泰至氏の教示による。

9▼韓国・国立中央図書館所蔵本（韓古朝五六―NA三〇）を利用した。

10▼『隠峰野史別録』（アセア文化社、一九九六）所収の影印本を利用した。

11▼一六六四年刊の原刻本である、筑波大学図書館所蔵本（国文学研究資料館マイクロ紙焼本の請求番号：六―四〇三―一）と早稲田大学図書館所蔵本（ウェブ上の画像による）を利用した。

12▼『明代史籍彙刊　国立中央図書館蔵本　五　両朝平攘録』（台湾学生書局、一九六九年）所収の、明・万暦三十四年刊本の影印本を利用した。

13▼韓国・国立中央図書館所蔵本（韓古五―四三―八）を利用した。

14▼学習院大学文学部日本語日本文学科所蔵本（国文学研究資料館マイクロ紙焼本の請求番号：E八〇六七）を利用した。

15▼もし、①に類似する論理が壬辰戦争文献群に存在するとしたら、豊臣秀吉が「朝鮮は元中国の属国であったが、最近になって中国から自立する意思があるので、これを罰する」といったような主張になるはずである。なお、①の論理の出典に関しては、注一拙著の第二章・第三節を参照。

16▼茨城大学菅文庫所蔵本を利用した（ウェブページの画像を利用）。

17▼渓岑尾作。一七三五年（享保二十）成立。高知県立図書館山内文庫所蔵本（国文学研究資料館の請求番号：九九―三〇二―二）を利用した。

18▼具体的な分析は注一拙著の第三章を参照。

19▼菊池勇夫『幕藩体制と蝦夷地』（雄山閣出版、一九八四年）七十九・八十五頁。

20▼島津久基『義経伝説と文学』（大学堂書店、一九七七年再版）五〇五頁。

21▼以上、中京大学・徳竹由明氏所蔵本、および北海道大学図書館所蔵本を利用した。

22▼柳沢昌紀「『太閤記』朝鮮陣関連記事の虚構―日付改変の様相をめぐって」『近世文芸』六十五（日本近世文学会、一九九七年・一月）、注一拙著の第一章・第一節など。

23▼檜谷昭彦他校注『太閤記』（岩波書店、一九九六年）の解題を参照。

2

戦争の言説はこうして生みだされる——引用とバイアス

中国・韓国の資料をどのように利用したのか

金時徳

「翻訳」には意図的であるないに関わらず「誤訳」が生じる。異なる言語体系と世界観を負う二つの世界は、河の両岸のように交わることはない。そこで、欧米世界では、翻訳のことをよく「架橋」に例える。だが、人や物が往来する「橋」がかかったからと言って、両岸が交わることは決してない。問題は橋を何時、何処に、どんな形でかけるかである。江戸時代に生産された、朝鮮での戦争の物語は、戦争の相手国であった中国の文献も参照・利用している。そこに見られる意図的な、あるいは意図せざる誤読こそ、日本側の語り手の認識を露出させるものである。

（井上）

はじめに

中国・明《みん》の文献の記述を積極的に取り入れた、堀杏庵《ほりきょうあん》著『朝鮮征伐記《ちょうせんせいばつき》』（一六三三―三五年〈寛永十―十二〉の間に成立▼注1、一六五九年〈万治二〉刊）・林羅山《はやしらざん》・読耕斎《どくこうさい》編『豊臣秀吉譜《とよとみひでよしふ》』（一六四二年〈寛永十九〉自跋、一六五八年〈明暦四〉刊）などの文献が十七世紀の中期に登場し、近世日本における壬辰戦争文献群は、『太閤記《たいこうき》』に代表される第一期に続いて、第二期を迎えることとなった。

筆者は以前、両文献が利用した中国・明の文献として、諸葛元声《しょかつげんせい》著『両朝平攘録《りょうちょうへいじょうろく》』（一六〇六年〈万暦三十四〉序）と茅元儀《ぼうげんぎ》著『武備志《ぶびし》』（一六〇七年〈万暦三十五〉起稿、一六二一年〈天啓元〉完成）とを挙げたことがある▼注2。本章では、両文献に加えて、沈徳符《ちんとくふ》撰『万暦野獲《ばんれきやかく》編《ろく》』、もしくはその祖形をなす文献が利用された可能性を提起する。

一方、長谷川泰志氏は、『太閤記』・『豊鑑《とよかがみ》』などと共に、写本『朝鮮征伐記』の記事が『豊臣秀吉譜』の壬辰戦争記事の編纂に影響したことを指摘した▼注3。特に、明の文献を引用した箇所について、両文献は多くの共通点を有することは事実である。しかし、両文献の間には無視できない相違点が存在することも確認される。そのような相違点は、壬辰戦争をめぐる両文献の観点の違いによるものと思われる。

本章では、これらの点を検討し、明の文献の引用による壬辰戦争言説の生成過程を検討する。そして、両文献の相違点は、戦争をめぐる両文献の観点の違いを表すことを指摘する。

『朝鮮征伐記』と『豊臣秀吉譜』との間に

長谷川泰志氏の指摘のように、林羅山・読耕斎父子は、『豊臣秀吉譜』の壬辰戦争記事を書くに際して写本『朝鮮征伐記』を大いに参考したと思われる。『朝鮮征伐記』・『豊臣秀吉譜』に共通する典拠の一つは『両朝平攘録』である。両文献に載っている明関連記事を比較すると、『豊臣秀吉譜』所収の明関連記事のほとんどは、『朝鮮征伐記』に受け入れられた『両朝平攘録』所収記事をさらに継承したようである。しかし、両文献の間に、無視できない相違点が存在するのも確かである。そのような相違点が発生した原因は、誤読による場合もあり、『豊臣秀吉譜』側の意図による場合もある。

まず、『両朝平攘録』・『朝鮮征伐記』の記事を引用する際、『豊臣秀吉譜』が誤読を起こした例を紹介する。新しく総督となって一五九七年に朝鮮に来た邢价《けいかい》が朝鮮国王を戒めた、という挿話である。

朝鮮王承新総督之命。(『両朝平攘録』巻四下、3ウ)▼注4

(朝鮮王が新総督の命を承る)

朝鮮王即チ新総督ノ命ヲ承テ。(『朝鮮征伐記』巻下「大明軍評定事」)▼注5

李昖、受明帝之命、為新総督。（『豊臣秀吉譜』巻下、40ウ）▼注6
（李昖が明帝の命を受けて新総督となる）

『両朝平攘録』の文章は、朝鮮国王が新総督・邢价の命令を受けて朝鮮軍を再編したという内容であり、『朝鮮征伐記』の文章は、その忠実な翻訳である。しかし、『豊臣秀吉譜』には、李昖が明帝の命を受けて新総督となったと書かれている。これは『両朝平攘録』・『朝鮮征伐記』の文章を誤読した結果であり、史実にも反する。

一方、『豊臣秀吉譜』所収の明関連記事の一部は、直接『両朝平攘録』から来たと思われる。次はその一例である。

江右人許儀後、在薩摩州、行医。亦令同郷朱均旺、備録関白奸謀、奔告福建軍門張、奏報朝廷。（『両朝平攘録』巻四上、再9ウ）
（江右の人である許儀後は医者として薩摩に住んでいたが、関白の姦計を書き留めて、福建軍門の張氏に急報させ、朝廷に奏報させるよう、同郷の朱均旺にお願いした）

閩人丘福王ハ近年薩摩ニ行テ医者ヲシケルカ、日本ヨリ朝鮮ヲ伐テ大明へ入寇セント云事ヲ確ニキヒテ帰テ、閩ノ守臣ニ告ク。(『朝鮮征伐記』巻上「琉球入貢事」)

江右人許儀、近歳在薩摩而事医業。与同郷朱均旺相議、乃依福建守臣告之。守臣達之。(『豊臣秀吉譜』中、32ウ〜33オ)

(江右の人である許儀は医者として薩摩に住んでいたが、同郷の朱均旺と相談して、福建の守臣にこのことを告げた。守臣はこの情報を朝廷に奏達した)

右は、壬辰戦争が起こる直前、日本に来ていた明人が、本国にそのことを告げたという挿話である。ところで、秀吉の朝鮮侵略のことを明に知らせた人の名前として、『両朝平攘録』・『豊臣秀吉譜』には許儀後(または許儀)▼注7と朱均旺が、『朝鮮征伐記』には丘福王が挙げられているが、丘福王という人名は『両朝平攘録』をはじめとする諸書には見当たらない。管見に入らなかった別の文献によったたか、もしくは、朱均旺という人名に触発された堀杏庵の創案かと思われる。右の例を見る限り、『豊臣秀吉譜』は『両朝平攘録』を直接引用していて、必ずしも、『朝鮮征伐記』によって『両朝平攘録』を孫引きしたとはいえない。ただ、『豊臣秀吉譜』が『両朝平攘録』から挿話を直接引用したことが確実な例は少なく、多くの場合は、『朝鮮征伐記』を経由して『両朝平攘録』を利用していると思われる。

また、両文献の間には、壬辰戦争をめぐる観点の違いによる相違点も多く見られる。例えば、明の沈惟敬《ちんいけい》が和議を提案し、朝鮮在陣の日本の武将らがその提案を受け入れるに至った経緯について、両文献は相異なる解釈をしている。

四ニハ封王。大明ヨリ太閤ヲ日本国王ニ封スヘキトノ儀ナリ。小西・三奉行ヲ始メトシテ、朝鮮ノ在陣辛苦ナレハ、如何様ニモ和議ヲ調テ、本朝へ帰ン為ニ、此一事ヲ聞ソコナイ、太閤ヲ大明ノ王ニ封スヘキト、日本へ申シ達セシ。(『朝鮮征伐記』巻上「遊撃沈惟敬調和儀事」)

其四曰、明帝封秀吉可為日本国王也。(中略)増田・石田・大谷・小西等皆苦辛于朝鮮在陣之久、而帰国之思勃然。故従惟敬之言。(『豊臣秀吉譜』巻下、8ウ)
(四番目の条件は、明帝が秀吉を日本国王に封ずることである。(中略)増田・石田・大谷・小西などの武将はみな、朝鮮在陣が長引くのを辛く思い、帰国の思いが沸いていた。故に、惟敬の言葉に従ったのである)

右は、明側が秀吉を日本国王に封ずるという提案を、日本の武将らが受け入れたという挿話である。『朝鮮征伐記』は、戦争に疲れて早く帰国したがった武将らが、「太閤ヲ日本国王ニ封」ずるという明の提案を、「太閤ヲ大明ノ王ニ封」ずると「聞ソコナ」ったと主張する。これに対して、『豊臣秀吉譜』は、戦争に疲れた武将らが、早く帰国するために沈惟敬の提案を受け入れたと記している。明の提案を日本側が聞きそこなったという『朝鮮征伐記』の文章を、林父子がより合理的に修正したものと見られる。因みに、この箇所は『両朝平攘録』にはない。

両文献の間には、壬辰戦争言説の重要な挿話のいくつかの配置の違いも見られる。まず、壬辰戦争言説における重要な合戦の一つである、唐島《からしま》の海戦に関する挿話について。藤堂高虎《とうどうたかとら》・脇坂《わきさか》安治《やすはる》・加《か》藤《とう》嘉明《よしあき》らの武将が朝鮮軍との戦いで大勝利を収めるという内容のこの挿話は、『脇坂《わきさか》記《き》』・『高麗船《こうらいふな》戦記《いくさき》』・『志摩《しま》軍記《ぐんき》』のような初期文献群に記され、多くの後続文献に採択されるようになる。

しかし、唐島合戦が起きた時期に関しては、諸文献の間に二つの説明が存在する。壬辰戦争は一五九二年からの一回目（壬辰倭乱、文禄の役）と一五九七年からの二回目（丁酉倭乱、慶長の役）との二回に分けられるが、『豊臣秀吉譜』は唐島合戦が二回目の際に起きたとしている反面（下、三十九）、『朝鮮征伐記』は一回目の際に起きたとしている（巻上「諸軍渡海取番船事」）。江戸時代が終わるまで、壬辰戦争言説において唐島合戦の発生時期が確立することはなかったが、両文献は、このような混乱の初期の様子を表すものである。

このような例は、他にも指摘できる。まず、北方で加藤清正の捕虜となった二人の朝鮮国の王子が、釈放された後に清正に送ったという書簡の場合、『朝鮮征伐記』には、王子らが捕らわれたことを伝えるオランカイ記事の後に、堀杏庵のコメント▼注8と共に載っている。一方、『豊臣秀吉譜』には、王子らが釈放されたことを伝える記事の前に位置する（下、15ウ）。また、秀吉死亡挿話が、『朝鮮征伐記』には、島津氏の勝利した泗川《さちょん》・新寨《しんちぇ》合戦記事の後に（巻下「太閤薨逝遺言之事」）、『豊臣秀吉譜』には、泗川・新寨合戦記事の前に配置している（下、53ウ）。次に、壬辰戦争の際に朝鮮・明の人々の鼻・耳を切ってきて耳塚・鼻塚を築いたという挿話の場合、『朝鮮征伐記』には秀吉死亡挿話の後の、文献の最後に位置している。ここに位置することによって、「朝鮮征伐」の「記」としての『朝鮮征伐記』において、耳塚挿話は、壬辰戦争における日本の武威の象徴として機能することとなる。このような配置は、十八世紀後期の講談『朝鮮征伐軍記講《ちょうせんせいばつぐんきこう》』や十九世紀初期の読本『絵本太閤記《えほんたいこうき》』に受け継がれる。一方、『豊臣秀吉譜』には、耳塚挿話が壬辰戦争記事の途中に位置し（下、52ウ）、秀吉死亡挿話を含む前後の挿話との緊密な関係は認められない。『豊臣秀吉譜』の末尾には秀吉の葬儀挿話が載っており、『将軍家譜』の一部としての性格を表す。

　最後に、『豊臣秀吉譜』は、『両朝平攘録』や『朝鮮征伐記』には載っていない、朝鮮に関する情報を付け加えている。

　求朝鮮僧人以密帖送清正。（『両朝平攘録』巻四下、6オ）
（朝鮮僧人を求め、密帖を清正に送らせた）

朝鮮ノ僧松雲大師ヲヤトヒ、密帖ヲ清正ニ送。（『朝鮮征伐記』巻下「大明軍評定事」）

傭朝鮮僧惟政松雲、裁書贈清正。（『豊臣秀吉譜』巻下、41オ）
（朝鮮僧惟政松雲を雇い、裁書を清正に贈った）

和議が破れ、日本軍が朝鮮を再侵すると、窮地に立った沈惟敬は、朝鮮の僧侶の惟政《ゆじょん》（堂号は泗溟堂、号は松雲）を加藤清正に派遣して交渉を試みたものの、失敗する。『両朝平攘録』・『武備志』のような明の文献には、「沈惟敬が朝鮮の僧侶を派遣した」とのみ書かれている。ところが、『朝鮮征伐記』には「松雲大師」、『豊臣秀吉譜』には「惟政松雲」と書かれていて、惟政に関する情報が付け加えられていくことが確認される。特に、『豊臣秀吉譜』の編者の林羅山は、一六〇五年に来日した惟政と筆談した経験を持っている▼注9。これに関して注目されるのが、林羅山の四男の読耕斎が書いた『豊臣秀吉譜』跋文である。そこには、「朝鮮之事記」をも編纂材料として利用したと記されているが、これは、戦中・戦後に日本との交渉に当たった惟政松雲の著作を念頭に置いての発言と思われる▼注10。

明の文献と日本の文献との間に

ここまで、『両朝平攘録』・『武備志』のような明の文献の壬辰戦争記事を引用する際、『朝鮮征伐記』と『豊臣秀吉譜』との間に生じる相違点を検討し、それが、壬辰戦争に関する両文献の観点の違いによることを確認した。ここからは、『朝鮮征伐記』・『豊臣秀吉譜』が、『両朝平攘録』を含む明の文献の壬辰戦争記事をどのように引用し、壬辰戦争言説を形成していったかを確認する。

『朝鮮征伐記』と『豊臣秀吉譜』、もしくは、両文献のうちの一つが明の関連文献を引用する際の特徴として、三つを挙げることができる。

まず、明の文献に載っている記事を意図的に誤読した場合がある。『両朝平攘録』には、一五九七年に日本軍が再侵すると、朝鮮・明の連合軍が反撃計画を立てたが、朝鮮軍の武将であった金応瑞《きむうんそ》の失言によって失敗した、という挿話が載っている。ところで、この記事を引用した『朝鮮征伐記』の当該箇所には、金応瑞の行為に関する描写が改変されていることが確認される。

朝鮮水営将官元均在閑山、密謀挙兵、約会中国、搗釜山巣穴。不意金応瑞在宜寧陸路、虚張声勢、将元均約中国搗巣日期、洩于行長。(『両朝平攘録』巻四下、9丁)
(朝鮮水営の武将の元均は閑山にいたが、密かに挙兵を謀り、明軍と約会して、釜山にある日本軍の巣穴を討とうとした。金応瑞は宜寧の陸路にいたが、図らずも虚張声勢し、元均が中国と約して日本軍の巣穴を討つことにしていた日付を行長に漏らした)

朝鮮水営ノ将官元均閑山ニ在リシカ、密ニハカツテ兵ヲ挙ケ中国ノ勢ニ約会シ、釜山城ヲ忍ヒ取ラントス。此時朝鮮ノ金応瑞、宜寧ニ居テ声勢ヲ張リシカ、元均カ支度日時ヲ行長ニ告ケ知ラセタリ。（『朝鮮征伐記』巻下「攻落南原事」）

『両朝平攘録』は、金応瑞が「不意」に「虚張声勢」して計画を行長に漏らした、と記している。しかし、『朝鮮征伐記』には、金応瑞が行長に計画を「告ケ知ラセタ」と記していて、彼の行為が意図的だったと主張する。即ち、金応瑞はスパイだったというのである（『豊臣秀吉譜』には「金応瑞云々」なし）。

次に、当時の日本の文献に載っていたとは思えない記事が『朝鮮征伐記』・『豊臣秀吉譜』に載っている場合がある。例えば、沈惟敬と小西行長による和議交渉が進み、明の将軍であった李如松が自国に帰るのを見て、朝鮮の人々は危惧した。その際、金侍朗《きむしらん》という朝鮮の人が、日本の再侵を警告する漢詩を李如松に与えた、という挿話が両文献に載っている。

日本勢未タ釜山浦ニ充満タルニ、大明ノ兵悉ク引還リケレハ、朝鮮人危テ和儀ハ必破ルヘシ、再ヒ軍ヲ起シテ、来ルヘシト思ヒ、如松カ帰ル時ニ、金侍朗ト云贈以詩。（『朝鮮征伐記』巻上「依和儀両国軍勢引退事」）

時日本兵充満于釜山浦、而李如松引兵而還。故朝鮮人皆恐。有金侍朗者贈絶句于如松。(『豊臣秀吉譜』巻下、19ウ)

(時に日本兵は釜山浦に充満したが、李如松は兵を引いて還ろうとした。故に朝鮮人は皆恐れた。金侍朗という人が絶句を如松に贈った)

この挿話は『両朝平攘録』・『武備志』などの明の文献には載っておらず、十七世紀に日本に将来されたと思われる朝鮮の文献にも見当たらない。このように、日本側の初期文献群に由来するとは思いがたく、おそらく、明・朝鮮側の文献から来たであろう挿話が『朝鮮征伐記』・『豊臣秀吉譜』にはいくつか存在する。

ところで、それらの挿話の一部に類似する記事が、『万暦野獲編《ばんれきやかくへん》』という明の文献に載っていて注目される。『万暦野獲編』は、明の沈徳符(一五七八―一六四二)が万暦年間を中心とする明朝のことを書き集めた筆記小説である。一六〇六年(万暦三十四)に成立した二十巻と、一六一九年(万暦四十七)に成立した続編十二巻からなるが、現行本は、清・康熙年間(一六六二―一七二二)に銭枋《せんぴょう》が三十巻に改編し、著者の五世孫の沈振《ちんしん》が同じく康熙年間に補遺四巻を付けたものである▼注11。『万暦野獲編』巻十七「兵部」には、明の周辺諸国に関する記事が多く載っていて、壬辰戦争に関しては、「石司馬」・「日本」・「日本和親」・「程鵬起」・「暹羅」・「沈惟敬」・「斬蛟記」などの挿話が見られる。ここで注目したいのは、明と日本との和議を仲介した沈惟敬の行跡に関する挿話と、日本を挟み討ちにすることを暹羅《しゃむ》（タイ）が明に提案したという挿話である。二つの挿話は、『朝鮮征伐記』には両方が、『豊臣秀吉譜』には前者が載っている。

まず、沈惟敬の素性に関する記事を見てみよう。

惟敬ハ本ヨリ亡頼ノ小人ナリ。スルワサモナク、京師ヲサマヨヒテ、呉ノ侠妓陳澹如ト密ニ通セリ。澹如カ僕ニ鄭四ト云者アリ。コレヨリ先数年ノ間日本人ニ捕レテ、居住セシカ、今度逃帰テ、ヨク日本ノ事ヲ知テ語ル。惟敬大胆ナル者ナレハ、此乱ニ逢テ、功ヲ立ント思ヒ、鄭四ニ能聞テ、己レ独リ日本ノ事ヲ知リタルヤウニフレ廻ル。石星朝鮮ノ事ヲ司トレハ、博ク諸人ノ謀ヲトリ、イカニモシテ敵ヲ掃ハント、先ツ日本ノ案内ヲ尋ケル。時ニ司馬カ妾ノ文表茂ト云モノアリ。澹如カ所ニ遊テ、惟敬ニ参会ス。ソノ意気慨慷ナルヲ見テ、司馬ニ薦ム。石星是ヲ召シテ共ニ談リ、人ヲ得タリト大ニ喜ス。（『朝鮮征伐記』巻上「平壌軍踏討取史遊撃事　付沈惟敬事」）

沈惟敬者亡命無頼之人也。嘗潜来于日本、被知於行長。帰国之後、通于呉妓陳澹如。々々僕有鄭四者、数年以前走日本、而被執是年逃帰逢惟敬、而詳語日本之事。惟敬為人頗有所志聞鄭四言、謂「方今大明動干戈以防日本。当此兵乱、吾将樹勲功矣」。即赴京師、揚言曰、「我能知日本之事」。時司馬石星掌朝鮮之事。其妾文表茂偶遊澹如之宅、聞惟敬之言、而薦之於

石星。々々召惟敬而語。大喜曰、「吾得人也」。(『豊臣秀吉譜』巻中、43ウ)

(沈惟敬は亡命無頼の人である。嘗て日本に潜入したが、行長に知られて捕らえられた。帰国後、呉の妓の陳澹如と情を通じた。澹如の奴僕に鄭四という者がいた。彼は数年前に日本に入って捕えられていたが、この年に逃げ帰って惟敬に会い、日本の事を詳しく語った。惟敬は思うところあって、鄭四の言葉を聴いて曰く、「ただいま、大明が軍隊を動かして日本の侵略を防ごうとしている。この兵乱に当たって、私は殊勲を立てるつもりである」。即ち、京師に行って、公然というには、「私は日本のことをよく知っている」と。時に司馬石星は朝鮮のことを司っていた。彼の妾の文表茂が偶然、澹如の家に遊びに行ったが、惟敬の言葉を聴いて、彼を石星に推薦した。石星は惟敬を呼んで語らい、適任者を得たと、大いに喜んだ。)

沈惟敬、浙之平湖人、本名家支属。少年曽従軍、及見甲寅倭事。後貧落、入京師、好焼煉、与方士及無頼輩游。石司馬妾父袁姓者、亦嗜炉火、因与沈善。会有温州人沈嘉旺、従倭逃帰、自鬻於沈。或云漳洲人、実降日本、入寇被擒、脱獄。(中略)嘉旺既習倭事、且云、「関白無他意、始求貢中国、為朝鮮所遏、以故挙兵、不過折柬可致」。袁信其説、以聞之司馬。惟敬時年已望七、長髯偉幹、顧盼〔原本欠〕。然司馬大喜、立題授神機三営遊撃将軍。沈嘉旺亦拝指揮、与其類十余人充麾下、入日本。(『万暦野獲編』巻十七「沈惟敬」、18オ・

ウ）▼注12

（沈惟敬は浙州の平湖人である。もと、名家の傍系であった。少年の時、甲寅の倭寇の時に従軍した。後に貧落して京師に入り、煉丹術を好み、方士や無頼の輩に交わった。石司馬の妾の父に袁という苗字の人がいたが、彼また煉丹術を嗜んだので、沈惟敬と付き合いがあった。（沈惟敬は）溫州人の沈嘉旺に会ったが、沈嘉旺は倭から逃げ帰り、沈惟敬に身を寄せていた。あるいは漳洲人ともいう。実は日本に入寇したところ、捕らえられたが、脱獄したのであった。（中略）沈嘉旺は倭のことをよく知っていたが、彼の言うには、「関白には他意がない。始めは中国への入貢を求めたが、朝鮮がそれを妨げたために挙兵したのである。勅書を送れば済むだろう」と。袁は彼の言葉を信じ、司馬に伝えた。時に惟敬の年すでに六十一歳、髯は長く、偉幹があり、目は輝いた。司馬は大いに喜び、彼に神機三営遊撃將軍の職を与えた。沈嘉旺も指揮の職を授かり、十余人の輩を率いて日本に入らせた。）

三つの文章を比べると、『朝鮮征伐記』・『豊臣秀吉譜』と『万暦野獲編』との両方は、必ずしも完全に一致してはおらず、人名の一致もほとんど見られないが、挿話の粗筋や一部の細部事項が類似していることが認められる。

次に、暹羅が援軍派遣を志願したという挿話を見てみよう。この挿話は『豊臣秀吉譜』にはない。

暹羅ノ使都ニ在ケルカ、申ケルハ、願ハ兵ヲ出シテ、倭ヲ剿ト望ム。朝廷皆儀ニ同シケル処ニ、巡撫蕭彦流カ曰、暹羅ハ極テ西方ナリ。滇南ト相対ス。日本ハ極テ東方ナリ。呉越ト相対ス。相去ル事一万千余里。其間ニ安南・占城・漏喇咖・呂宋・琉球等ノ国アリ。多ノ人ノ国ヲ越テ中国ノ為ニ力《チカラ》シ致サントスル事、甚タ成リ難シ。其上、中国ノ南方一道ヲ多クノ船師通リナハ浦近キ国々悉ク疲レ苦ムヘシ。若又暹羅折ヲ得テ還テ我国ヲ侵サハ、誰カ是ヲ禁センヤト、理ヲ尽シテ申シケルニ依テ、暹羅ノ儀ハ、終ニ止ミケリ。(『朝鮮征伐記』巻上「軍勢又渡海事　付小西檄書事」)

倭事起時、有無頼程鵬起者、詭欲招致暹羅、挙兵擣其巣、以紓朝鮮之急、其説甚誕。一時過計者、又恐暹羅入境、窺我虚実、且蹂躂中華。(『万暦野獲編』巻十七「暹羅」)
(倭のことが起きた時、無頼漢の程鵬起という者が、暹羅軍を挙兵させて倭の巣穴を討ち、朝鮮の急難を救おうと、荒唐無稽な主張をした。その説は甚だ虚誕であって、一時しのぎに過ぎなかった。また、(人々は)暹羅が明の境内に入り、明の虚実を窺い、中華を踏みにじることを恐れた)

両記事の間にも、具体的な事項の一致は認められないものの、粗筋は酷似していることが分かる。二つの挿話は『両朝平攘録』・『武備志』には載っていない。管見の限り、『朝鮮征伐記』・『豊臣秀吉譜』所収のこの二つの記事を共に載せる文献は『万暦野獲編』のみである。恐らく、清・康熙年間に成立した現行本の以前の段階の『万暦野獲編』や、当該記事の祖型的な記事を載せた明の文献が近世初期の日本に将来され、そこから『朝鮮征伐記』へ、また、『朝鮮征伐記』から『豊臣秀吉譜』へと受け継がれたのではないかと考えられる。

おわりに

本章では、『朝鮮征伐記』・『豊臣秀吉譜』所収の壬辰戦争記事を検討した。先行研究では『朝鮮征伐記』が『豊臣秀吉譜』の成立に及ぼした影響が指摘されてきた。しかし、検討の結果、言説の全体構図という面において、『豊臣秀吉譜』は『朝鮮征伐記』を全面的に受け入れてはいないことが確認される。壬辰戦争言説を構成する主要な挿話の配置の違いから、この戦争に関する両文献の観点の相違が浮き彫りになる。また、明の文献からの引用という面でも、『豊臣秀吉譜』は、必ずしも『朝鮮征伐記』を経由してのみ『両朝平攘録』・『武備志』(そして、おそらく、『万暦野獲編』)のような文献を利用してはいないことも明らかである。

ところで、『朝鮮征伐記』・『豊臣秀吉譜』が明の文献の挿話を引用する際は、誤読や意図的な改編が行われる。それによって、明の壬辰戦争言説は日本化し、近世日本における壬辰戦争文献群を形成する主な流れの一つとなったのである。

注

1▼中村栄孝「蓬左文庫の『朝鮮征伐記』古写本について」『名古屋大学日本史論集』下（吉川弘文館、一九七五年）七十七頁。

2▼拙著『異国征伐戦記の世界―韓半島・琉球列島・蝦夷地―』（笠間書院、二〇一〇年）の第一章第二節「中国の文献がもたらした一回目の変化」を参照。

3▼長谷川泰志「羅山と『豊臣秀吉譜』の編纂」『文教国文学』三十八・三十九（広島文教女子大学国文学会、一九九八年・三月）。

4▼『明代史籍彙刊　国立中央図書館蔵本　五　両朝平攘録』（明・万暦三十四年刻本：台湾学生書局、一九六九年）。

5▼彰考館所蔵本（国文学研究資料館のマイクロフィルム）。巻上「日本勢着津取釜山浦城事」には「延于按云々」と墨書されたことから、水戸学者の青山延于がこの本を見たと思われる。なお、巻下の巻末には、小山朝三という人物が、主に『懲毖録』の記事を利用して壬辰戦争のことを記している。

6▼茨城大学菅文庫所蔵本（ウェブ上の画像データベース）。

7▼この点に関しては、注二前掲拙著の第二章第一節「朝鮮軍記物に見られる琉球」で詳述した。

8▼堀のコメントは、写本の『朝鮮征伐記』を刊行する過程で脱落する（注一前掲論文、七十三―五頁）。

9▼「羅山が最初に出会った朝鮮使節は、一六〇五年（慶長十）講和使僧として上洛した松雲大師である。その際、羅山は、民間の一青年学徒として客館に赴き、筆語問答を交わしたのである」（李元植『朝鮮通信使の研究』（思文閣、一九九七年）一二八頁）。

10▼惟政の文集である『泗溟堂大師集《しめいどうたいししゅう》』は、韓国では、一六一二年（光海君四）に刊行され、一六五二年（孝宗三）に再板が出た。近世中期の儒学者・貝原益軒《かいばらえきけん》が編集した『黒田家譜《くろだかふ》』巻七にも本書の一節が引用されている（注二前掲拙著の第一章第五節「近世中期の壬辰戦争文献群―福岡藩と対馬藩の場合」を参照）。しかし、『豊臣秀吉譜』の成立時期を考えると、跋文の「朝鮮之事記」とは、惟政の文集よりは、惟政との筆談の際に残った文書を指すのではないかと推測する。このような推測の根拠の一つは、「惟政」という人名が追加された他には、朝鮮に関する新しい情報が『豊臣秀吉譜』から見受けられないという点である。

11▼『万暦野獲編』の書誌学的な説明は、山根幸夫ら編『中国史籍解題辞典』（燎原書店、一九八九年）の当該項目による。

12▼北京大学図書館所蔵本（清・道光七年銭塘姚氏扶荔山房刊本）により、周光培編『歴代筆記小説集成三十九　明代筆記小説　八』（河北教育出版社、一九九五年）を参考した。

3

「教育」のために改変される軍学・軍談テキスト

宇佐美定祐『朝鮮征伐記』を読む

井上泰至

宇佐美定祐という紀州藩の軍学者がいた。自分の祖先の勲功を捏造したり、甲州流軍学に対抗すべく上杉流の川中島戦記を屏風にするなど、「偽」歴史家としか言いようのない人物であった。彼の『朝鮮征伐記』も、堀杏庵の『朝鮮征伐記』を元に捏造・改変作業を行った軍記である。彼がこのような作業を行ったのは、武士の俸禄の根拠となる文書の制作例を提供したり、平和な時代に合った武士像を創出したりするためであった。著者の史観に合わせて歴史を改変し、教訓を提供するという方法は、既に、壬辰戦争文献群の先駆をなす『太閤記』においても行われていた。『太閤記』や宇佐美の『朝鮮征伐記』は、事実の再現を目的とする史書と、虚構であるがゆえに真実を描くことを標榜する文学書の間をさまよう存在であり、自分が見たい歴史を求めるアイロニー的な存在といえよう。（金）

太平が続いた江戸時代とはいえ、武家がその支配を行う以上、この時代の権力構造や支配の論理には、軍事的色彩が消えなかった。地方に残る旧藩・旧藩主の蔵書を整理すれば、軍学・兵学の書物は、必ずと言ってよいほど、一定の分量を占めている。それらのテキストを執筆・蒐集・解説・利用した軍学者なる存在も、楠流・甲州流・上杉流など、範とする武将や流派は異なっても、たいてい江戸時代を通じて各藩に雇われていた。軍学・兵学の書物の内訳は、甲冑・刀・槍・鉄砲・弓・馬・軍船といった武具にまつわる書、あるいは、『孫子』を筆頭とする中国の戦略の書物を集成した武経七書とその注釈・評論、はたまた、平時の武家の儀礼・位階・装束などを整理・登録・解説した武家作法書などで構成されている。その中で文学に関係してくるのは、過去の戦の記録から、戦争の歴史と戦争における武士の有り方を学ぼうとする戦記・軍記の一群である。

こうして、軍学の書全体を見渡してみると、この学問とそれを奉じる者たちに求められた役割は、平和な時代にあって、ともすれば忘れられがちな、武士のアイデンティティーを、訓練・儀礼・教育・文書管理・娯楽提供の中で確認し、方向付けてゆくものであったことが見えてくる。今、文禄・慶長の役をめぐる戦記の中で、代表的な、軍学における戦記を取り上げてみるが、それは、武士階層に求められた在り方を広い意味で「教育」する機能の中で生産されたものであったことをまず確認しておきたい。つまり、それが江戸という時代を通じてあった根本原理の反映であり、時代の要請という「変数」によって様々な在り方は見せるにしても、核となる部分に大きな変化はなかったことを我々に予想させる▼注1。本章での検討は、その意味で特に他の章との関連からも意味付けられることを断っておきたい。

紀州藩軍学者宇佐美定祐

文禄・慶長の役を正面から扱った刊行軍書は、堀杏庵の編になるという『朝鮮征伐記』九巻（万治二年刊）である。だが、同じ書名で十三巻に膨らんだ、軍学者宇佐美定祐による写本（寛文二年序）もある。中村幸彦は、同じ定祐の手になる『増補朝鮮征伐記』四十二巻（寛文五年序、別名『朝鮮軍談実録』）の存在を指摘して、堀本『朝鮮征伐記』とあわせた二書について、「十分にこれを用いて講談となり得る、挿話の多い読み物」である、として江戸中期に登場する『朝鮮征伐記講』二七巻、または三〇巻（大坂の講談師畑本次から節斎散人が編集、宝暦八年（一七五八）成立）や『朝鮮征伐記評判』二四巻など講談・実録の先行作である、と位置づける▼注2。

十三巻本の作者は、大関（宇佐美）定祐と序跋にあり、以下本書の主題となるこの十三巻本を大関本『朝鮮征伐記』と呼ぶこととする。さて宇佐美定祐の素性は、高橋修の一連の研究によって最近明らかになってきた▼注3。『寛政重修諸家譜』編纂の動きに触発されて紀州藩においても、寛政八年（一七九六）、家臣に祖先の由緒を提出させたが、享和元年（一八〇一）の「先祖書」によれば、定祐は正徳三年（一七一三）、八〇歳で亡くなっているから、寛永十一年（一六三四）

生まれということになる。慶安二年（一六四九）十六歳で紀州藩に仕官、承応三年（一六五四）には藩主徳川頼宣の近習に取立てられている。大関本『朝鮮征伐記』の序が書かれた、寛文二年（一六六二）には、病気を理由に大番組に退くが、同九年には隠居した頼宣の「新宅」に詰める。貞享元年（一六八四）には、二代藩主徳川光貞の命により、宇佐美姓を名乗ることとなる。

定祐は、藩お抱えの軍学者として活躍したようである。紀州藩では、寛文十年（一六七〇）、初代藩主頼宣の引退を機に藩の軍令を改訂したが、和歌山県立図書館に残る軍令の年記の後には二代藩主光貞の諮問を受けて定祐がその下書きを提出した旨が記されている。また、定祐は、頼宣が江戸藩邸に佐竹家家老戸村氏を招いて得た大坂冬の陣に関する聞書にも参加し（『紀侯言行録』）、頼宣が小牧・長久手の戦いの記録を家臣渡辺家から入手する際にも派遣されている（和歌山城天守閣本『小牧御陣記』奥書）。甲州流に対抗して、川中島の合戦を考証した『川中島合戦弁』『川中島年月考』という著作もある。また、こうした上杉流の川中島合戦記事を屏風に描いた、和歌山県立博物館蔵「川中島合戦屏風」の制作協力者にも擬せられている。さらに、筆者も、紀州藩儒榊原篁洲の証言から、定祐あるいはその周辺が、関ヶ原の合戦と上杉・伊達・最上の争いを扱った刊行軍書『東国太平記』を書き、祖先と称する謙信の軍師宇佐美定行とその子勝行の活躍を、捏造した蓋然性を指摘したことがある▼注4。

さて、宇佐美定祐は、なぜ大関本『朝鮮征伐記』を書いたのか。そのことを直接語る史料は、定祐自身による本書の序跋である。序は、冒頭「夫れ明君は近きを舍てて遠きを取る」（原漢文）

と武経七書の内の一つ『三略』下略篇の言葉を引いて、秀吉を卑賤の中から見出した信長の功を賞する。なればこそ下々は力を尽くして功を全うしようとするという教訓は、まさに藩主頼宣への言葉であろう。序では、近年秀吉の外征の功を賞する者がないので、非力をも省みず本書を書いた、と言う。その秀吉顕彰の意図は跋文ではより明確に語られる。定祐三十一歳というから、寛文五年（一六六五）と、序文の年記より三年下ることが気になるが、その年の夏、藩主頼宣の使いで上杉景勝の猶子義真（畠山休心）の隠棲する京都へ向かい東山の秀吉廟社の荒廃ぶりを目のあたりにして、これを嘆く。

鳴呼殷の湯王、夏の桀を討ち、天下を取り給ひしか共、禹の廟を尊び祭り、周の武王、商紂を亡し給へ共、殷の社祠を修理しつつ、祭祀を専らにし給ひしに、秀頼の罪何か桀紂に及べる▼注5。

中国古代の王朝交代に名高い悪王桀・紂の滅亡後も、後の王朝は前王朝の社稷を尊崇した例を引いて、徳川政権を批判するこの言辞は、刊行することを憚られる内容であった。他ならぬ主君頼宣に対しても、本来憚り多い内容である。それだけ太平を完成し、日本の武威を明国にまで示した秀吉の勲功は、定祐からみれば埋もれており、これを評価すべきだったのだが、頼宣は、この外征で活躍した加藤清正の娘婿であったから、そのあたりの事情を汲んでの発言であった可能性もある。ともかく、本書は「秀吉公の奇計・智謀の活動、隆景・清正が進退宜しきを得、長政・宗茂が随機応変の所」（跋）を後世に伝えることにその眼目があった、という。

江戸時代の軍書の流れ▼注6の中で本書を位置づけると以下のようになる。戦国から慶長末（一六一五）までに書かれた軍書は、子孫や家来などを主な読者に想定し、戦争における自らの活躍を残そうという動機から書かれたものが中心であった。自身の祖先の戦功は、「家」の俸禄の根拠となったからだ。後述するように、大関本『朝鮮征伐記』にもそういう要素がなくはない。

しかし、元和から延宝二年（一六一五～一六七四）の、徳川支配体制の確立期には、治世の立場からの批判や回顧、あるいは平時の武士への教育を目的としたものが出てくる。実際の戦闘における軍師から、教育者やその予備軍へと社会的役割を変えて登場した、近世の軍学者が多くこれを執筆している。宇佐美定祐もまさにそういう存在だと言ってよい。この時期を代表する軍書といえば、『太平記』をテキストに注釈・評判を加えた『太平記評判秘伝理尽鈔』が挙げられるが、その記述法については、中村幸彦が以下の四項に整理している▼注7。

①解・追解＝言葉の注
②伝＝太平記の記事の補足・異伝、娯楽的要素・歴史の捏造の可能性
③評＝政治・軍事・処世万般についての教訓
④通考＝本文の記事の類話を和漢の故事から引用・比較

本書は、堀本『朝鮮征伐記』を軸に、『太閤記』『豊臣秀吉譜』『清正記』▼注8などの先行する書物に依拠したことは、明らかである。定祐はそこから何をふくらましていったかに焦点を当て、以下論じてゆくこととするが、その際、分析の視点を提供してくれるのが、右の四点である

ことは、言うまでも無い。

軍談色1――長口舌の魅力・「実は」の話法

文禄・慶長の役は、秀吉の企図によるものとはいえ、実際朝鮮半島に渡って戦争指導にあたったわけではないので、跋文に言う「秀吉公の奇計・智謀の活動」の例は、限定される。その中で注目すべきは、織田信長の生前から秀吉が、朝鮮攻略を考えていたという、巻二「琉球国贈翰之事」の記事である。もともとこの内容は、堀本『朝鮮征伐記』巻一「朝鮮上賀表事附関白命諸卒事」にもあるもので、これをふまえたものではある。が、宇佐美定祐はかなりの文飾を加えている。

まず、秀吉の卑賤からの出世とこれを見出した信長の伯楽の才を尾張時代から遡って述べる。手柄を立てる秀吉を、漢の高祖に仕える韓信・張良に比べて評価している。さらに、中国攻めの際、現場での裁量を秀吉に一任することを願い出る折にも、秀吉は韓信が高祖の印を得て斉を治めた先例を引く。これらは、宇佐美定祐によって付加されたものである。ただし、堀本では、既に信長の朱印を得て朝鮮・明国・天竺を攻め取る希望を述べる秀吉には、韓信のように強大になりすぎて高祖に亡ぼされた危険性を未然に防ごうという計略だったとしており、宇佐美もこれを丸取りしているから、宇佐美による文飾は、中国の故事と比較する堀本の発想を敷衍して、分かり易くしたものであることが、見えてくる。これは黙読よりも、武辺咄の状況でこそ生きてくる文飾である。繰り返し韓信と秀吉を比較しておくことで、最後に明かされる秀吉の智謀がそれを上回る張良並みの「奇計・智謀」であったことがイメージとして刷りこまれる。

秀吉が、朝鮮はおろか、唐天竺までも攻略する野心を披露する場面も、大関本は実に調子よく、イメージしやすいように描かれている。

朝鮮を攻め従へば、大明国へ働くべし。大明国征伐容易く功成らば、大勢の公達の内御一所大将として渡海なし奉らば、三国を御手に入らるべし▼注9。（堀本）

朝鮮全く手に入らば、あまたまします若君の内、御一人御大将とし、大明に攻め入り、四百余州を討随へ、北京の皇帝を生捕り、日本に引渡し、六条河原に面縛し、君の御武威を顕し、夫より天竺に攻入り、馬の路・船の通だに候はば、何処迄も攻めなびけ、三国一統にせしめ給はん（大関本）

法螺に近い長口舌で、「痛快無比」の調子の良さである。やはり、堀本が「記録」に傾いているのに対して、大関本が口演を意識した文章になっていることが了解されよう。和漢の類似の故事を引いて、現実の戦争を論じる方法は、先に挙げた四分類の記述法を有する、江戸前期に流行した「太平記読み」の語り口の一つ「通考」であるが、大関本ではこうした故事を引いて比較する文章がかなり目立つ。さらに大関本の右の記述は、口頭化を意識し、「実は」という形で知られた逸話の裏事情を語る「伝」でもあり、聞く者にイメージしやすいよう書かれた「軍談」でもあることが浮き彫りになる好例と言ってよいだろう。

軍談色2――カリスマのイメージ・英雄への同情

次に「清正が進退宜しきを得」た例を検討してみよう。以下に挙げる例は、特にことわらない限り、堀本『朝鮮征伐記』や『清正記』のような先行書には見えない記述である。それらを見渡せば、英雄に神仏から借りたカリスマのイメージを付与し、英雄の心に寄り添った語り口をする点で、まさしく「軍談」としての名場面化が進んでいることが了察される。

清正は、神がかりの名将として印象付けられている。巻四で、小西行長に釜山上陸や漢城攻略の一番乗りの戦功を先取りされ、挽回を図って、朝鮮半島の北東部咸鏡道に入って、朝鮮王子兄弟の行方を捜す。蝗秉のはずれで両王子の所在を知らせる高札に出くわし躍り上がって喜ぶが、その折、馬上から日本を遥かに伏し拝み、天照大神や八幡大菩薩が自分の志を憐れんだ「奇瑞」であると言う。また、巻四の兀良哈城の戦いで「日本の大小の神祇、冥道感応の眸の手を垂れたまふ」と、東南の方角から俄かに黒雲・雷電・風雨が巻き起こり敵軍を破る。さらに、巻七の橘州奪還戦では、家来の救援に向かう清正を諫める鍋島直茂に対しても、自分の命を惜しんで敵中にある家来を見殺しにするのは、「日本の神に懸けて」と、これを拒否する。清正の部下思いは再三述べられる。

これは『太閤記』巻十六にもある記述だが、巻十で、石田三成の讒言によって召還命令を受けた清正は、伏見で奉行の一人増田長盛にたしなめられ、三成と仲直りするよう勧められ、「軍神八幡宮も御照覧候へ」と激高する。ただし、「清正大に気色を損じ、長盛をはつたと睨み」という軍談調は、本書独自のもので、『太閤記』では「(清正は)切腹あるべきやと悔ぬものはなかりけり」と一段を結ぶのに対し、本書では蟄居の命を受けて、「(朝鮮での粉骨・忠節を述べつつ)無実の讒言にかかり、浸潤の誹、遂に御対面は出る事能はず、御糾明有るべきと、いとさしもの清正は、声を上げて泣きさけび、退出しければ、一座在りあふの人々清正が心底を思い入り、皆々袖を濡しける」という愁嘆場に転じている。

巻十二の蔚山での活躍は、清正が最も光輝に包まれる場面であることは、先行作でも同じことだが、本書では明の大軍に取り囲まれ四面楚歌の浅野幸長を助けなければ、父長政に幸長を託された「申し分け」が立たぬ、と敵陣に討ち入るという侠気に特徴がある。勇名轟く清正に恐れる明の船をよそに、清正は蔚山に入場するが、「例の□尾の長烏帽子の甲を著し、長刀を脇に挟み、立またがり、四方を睨み上げ、下知」するという扮装は「妙法の旗」と共に、それまで再三清正の扮装として描かれたものであり、彼が来ればもう大丈夫という気分は、読む者・聞く者共に感じたことであろう。また、この扮装・旗印が、『絵本太閤記』以降の清正のイコンとして定着してゆく(第8章)のも、うなづける。

さて、明の大軍の総攻撃を待つ間、日本の方から怪しげな黒雲が俄かに立ち昇り、それは鵜の大群で蔚山上空に飛来したあと去っていった。城中の日本軍は、天照大神・八幡大菩薩の使いとしてこれを遥拝する。その頃、清正の領国肥後の藤崎八幡宮では、神主の子が物狂いして、日本軍の勝利を予言したという。信心深く、忠勇義烈の清正を神が加護したというわけである。

平時の管理者に求められる英雄像

ところで、本書では、清正になぜこのように神の御加護というカリスマを付与することとなったのだろうか。英雄らしさを演出するために、宗教的カリスマそのものを援用するというなら、歌舞伎の荒事に顕著なように、不動明王のような仏教のカリスマの方が、仏像・仏画の影響力から見て、イメージがステレオタイプ化するほどに可視化が進んでいない神よりも、ずっとその効果は期待できる。にもかかわらず、神そのものでなく神の御加護を繰り返し、英雄の描写において強調するという理由としては、仮説ながら以下の二点を考慮に入れるべきであろう。

ひとつは、軍学の教義そのものが仏教よりも神道に親しいものであったことに、その理由を求め得よう。先に述べたように、軍学の流派はかなり分派していたが、その多くは、神武天皇の東征から日本の軍学の淵源を語りだし、神功皇后の外征を懐中で保障したその子応神天皇＝八幡神や、蒙古襲来に対する神風の撃退などを、軍学の歴史化・秘儀化に援用していた▼注10。また、それは、戦場における軍師が、天に向かって戦の吉兆を占う儀式を司ることを重要な職掌としていたこと▼注11とも関係があると見るべきだろう。

ただし、ここまで考えを巡らせてきて浮かんでくる第二の疑問は、肝腎の清正がいっこうに軍略・戦略の鮮やかさを我々に示すことはなく、諸葛孔明のように天を睨んで予言を行うこともないのは何故か、という点である。むしろ、そういう軍師的活躍は、黒田長政（巻五）・立花宗茂（巻六）などにその面影を見ることができるが、本書の主役は、あくまで忠勇・義烈・任俠の清正であり、それを老将に敷衍して、智謀を示しつつ（巻四、晋州合戦）も、死に花を咲かすべく碧蹄館で明の大軍に勇猛果敢に挑んでこれを破り、日本軍の危機を救う小早川隆景なのである。

神は、そういう純粋で勇敢で、恩義を忘れず、部下や仲間思いの清正らを見守る。つまり、本書の主人公は、神そのものと同一化する英雄なのではなく、神の忠実な僕としての、より人間的で現実的な、あるいはかなりスケールの小さくなった英雄なのである。ここに、戦国とは異なる江戸前期の、武士のための理想の武士像を見出すことができるだろう。先に述べたように、この時期の代表的な軍学のテキストは、『太平記』を敷衍・解説した『太平記評判秘伝理尽鈔』なのだが、そこで描かれる理想的な武士たる楠正成は、やはり神と同一化した英雄ではなく、それまでの軍師的な側面に加えて、従来からあった忠義の士の側面の強調と、仁政を敷く統治者としてのイメージが付与されている点に特徴づけられる。文禄・慶長の役は、この戦争の発議者たる秀吉が、実際の戦場たる朝鮮半島に行っていない点で、部下たちの集団劇となるべき内容を負っていた。その中で、清正に焦点があたってくるのは、彼自身の戦功にもよるし、集団劇であるがゆえに、秀吉の志の忠実な体現者として浮かび上がってくる必然性もあったわけだが、一方でこの人物の忠勇・義烈・任俠が増幅してくるのは、革命的英雄を必要としない時代の心にもその要因を求めるべきであるという仮説をもここで提示しておきたい。

非文学的側面

本書を見渡して気付くのは、これまでとり挙げてきた「伝」「通考」のふくらましによる娯楽読み物化に、一番特色があることだ。その意味で、本書は講談の種本となる実録につながる内容を持っていた、という中村幸彦の指摘は正しい。では、本書はどのような点で、娯楽に徹した後世の講談になりきらない側面を有していたのか。この問いは、一見文学史の興味からは逸脱するが、これも講談・実録との違いを明確化するという意味で、本書の位置づけを検討する上で欠かせない手続きである。より具体的に、検討課題に焦点を絞った書き方をすれば、この時期の軍学者と軍書に求められた、武将の出処進退を論じる「評」や、その他非文学的な要素は付加されていたのか否か、付加されていたとすれば、どう付加されていたのか、これを問うことになる。

本書を見渡しても、『太平記評判秘伝理尽鈔』の「評」のような、武将の生き様を議論する文章は皆無である。それに比べて目立つのは、武将の功績を報告する「注進状」と、戦功の評価をする「感状」の実例が豊富なことである。巻六「従朝鮮日本へ注進事」は、その典型的な例だ。小早川隆景らの活躍によって碧蹄館の戦いに大勝利した日本軍の大将格宇喜多秀家は、石田三成らがもたらした軍法に従ってはいなかったことから、石田による秀吉への命令違反の報告を恐れ、秀吉に注進状を送るとともに、飛脚に対して秀吉から尋問があれば、かくかくしかじか申し上げるように注意をする。というのも注進状は事態の経過の概略を書いたに過ぎないからである。

果たして、名護屋で秀吉から経過の詳述を求められると、飛脚は、明軍による小西行長の敗戦と危機、大友の敵前逃亡、立花宗茂・小早川隆景の命令を無視した軍略・奮戦によって明軍を撃退し、三成らの制止を無視して彼らを宇喜多秀家が救援した経過を、さながら見てきたように、事細かに具体的に、滔々と語る。ここは軍談としての聞かせ所でもあったろう。秀吉はこれを聞いて「踊上り躍上り」、宗茂・隆景・秀家の行動が戦略上なぜ適切であったかを一々挙げて激賞し、三成らの臆病をたしなめ、朱印を押した感状を書く。つまり、この場面は軍談としても魅力的な場だが、注進状の実際とその報告の仕方、それに対する感状の書き方を実地に示したものともなっていたのだ。

本書に数多い感状などの例は、文例集として、またそれがどういう状況下でどのように書かれるべきかを示したものと言えよう。ところで宇佐美定祐は、己の祖先たる、上杉謙信に仕えたという宇佐美定行に関して、こうした感状を盛んに捏造し、その感状の内容を根拠づける軍記をも多く制作している。軍記の方は、『東国太平記』『北越太平記』である可能性は、旧稿で記したのでそれに譲る▼注12。感状の方は、和歌山県立博物館に「宇佐美家文書」としてマイクロフィルム化されて残されているが、それらを通覧すれば、先に挙げた軍記二作に掲載される感状の「実物」が見出せる。その中には謙信からのものばかりでなく、文禄・慶長の役に際して、増田長盛・小早川隆景・小西行長から、定行の子勝行に宛てたものもある。『東国太平記』によれば、勝行は平壌の合戦で小西行長の配下となって、明の将軍史儒を討ち取る戦功を挙げたことになっている。「感状」は、そういう祖先の名誉を保障するものであった。

こうして、「感状」制作者であった宇佐美定祐の閲歴を確認してみれば、本書が感状を書く作法を盛んに説いた理由も瞭然としてくる。戦時ならば実際の戦闘、平時ならば訓練・教育、そしてそれに対する評価こそは、軍事における枢要をなすものである。定祐による「感状」制作と教育、その実際と報告の方法を伝授する軍記は、彼の職掌の車の両論だったわけである。こうした、実際の仕事に関連する部分こそ、後年の実録と一線を画す点であり、それは藩お抱えの軍学者と市井で娯楽を提供する軍談家との相違に由来していたのである。

御伽衆的軍学者から理論的な軍学者へ

宇佐美定祐の職掌について具体的な記録はないから、状況証拠から推論を重ねる他ないのだが、以下のようにおおむね想像することは可能である。

妹に軍書読ますする夜長哉　　子規

軍語りの書物の享受の有り方は、松山藩士の末裔正岡子規とその妹律の事例にまで下りうるように、主人への侍臣・家族による読み聞かせであった。そうした例は武家の日記につけば、枚挙に暇ないが、定祐に空間的にも時間的にも近い例を挙げるなら、紀州藩家老三浦家の日記『家乗』には、家臣に軍書を読み聞かせる記事が散見する。藩主頼宣の近習に取立てられ、大関本

『朝鮮征伐記』の序が書かれた、寛文二年（一六六二）には、病気を理由に大番組に退くも、同九年には隠居した頼宣の「新宅」に詰める、という定祐の経歴と合わせ考えると、その職掌は御伽衆的な性格を帯びていただろうと想像しうる。御伽衆は、噺もすれば、祐筆もやる、茶の湯もやる雑駁とも言うべき多芸性にこそ特徴があるが、彼は大関本『朝鮮征伐記』の跋で次のように語っている。

戦場の記録は、諸説紛々となるものである。自分やその係累の戦功は「一を二に記し」、知らない戦功は書き漏らしてしまう。典籍化している軍記においてもそうした齟齬がある。ところが、近年の「心狭き人・愚かなる人は、其分を弁へ得ずして」『平家物語』や『太平記』の記述をあげつらいこれを批判する。また、近くは『甲陽軍鑑』『信長記』『太閤記』などで、当人や係累の活躍がないとか文書間の記事の相違が問題にされたりする▼注13。これらは才暗くして孔子・司馬遷らに勝ろうとする試みで、富士山と背比べをするような愚かなことだ。軍記は、細部ではなく「只大様の筋目を正し」秀吉・清正・隆景ら中心となるべき人々の活躍を後世に残せばそれでよい、と。

軍談と書状に特徴がある大関本『朝鮮征伐記』も、雑駁とも言える御伽衆的な定祐の環境の中で生み出されたものであったのだろう。こうした中世の文化をひきずる軍学者の有り方は、おおむね十八世紀を迎えると変革を余儀なくされる。定祐は、正徳三年（一七一三）に亡くなっているが、同様の存在であった津藩の植木悦（元禄十一年、一六九八年没）や福岡藩の宮川忍斎（享保元年、一七一六年没）もそれぞれ十六世紀後半の人であった▼注14。

その変化を象徴するのは荻生徂徠の登場であろう。彼は、『鈐録』を著して、戚継光の『紀効新書』を取り入れ、文禄・慶長の役において日本はなぜ明に負けたのかを論じ、兵法（軍学）から兵学への転換を遂げた。軍法と大将の責任を重視し、郡県と封建という彼我の制度の違いにまでその理由を追究した▼注15。その影響は大きく、林子平ら江戸後期の兵学や、日本の古代は郡県制であったという史観を幕末の志士や近代の為政者にも定着させた頼山陽の『日本政記』の議論の基盤となったものと考えられる。

では、軍記・軍談は単なる娯楽読み物に転落してしまったのかといえば、必ずしもそうではない。幕末・明治の学問導入書としてヒットした山本蕉逸『童子通』（天保十五年刊）では、歴史の大略を知る上で、通俗軍記や通俗歴史読み物を推奨し、また郡県と封建の分別に注意喚起しているのだ▼注16。幕末・明治の歴史書の代表格である山陽の『日本外史』も、彼独自のリアリズムによる歴史評論は措いて、その文章の魅力は軍書の呼吸を残した漢文にあったという側面は否定しがたい。読まれ方には変化があっても、軍書・軍記は、武士による経世を考える重要な資源としてその書物としての「生命」を保ち続けていたのである。

注

1▼こうした方向で軍学・兵学に光を当てた研究として、石岡久夫『日本兵法史（上・下）』（雄山閣、一九七二年)、野口武彦『江戸の兵学思想』(中央公論社、一九九一年、中公文庫、一九九九年)若尾政希『「太平記読み」の時代―近世政治思想史の構想』(平凡社、一九九九年)、前田勉『近世日本の儒学と兵学』(ぺりかん社、一九九六年)・『兵学と朱子学・国学・蘭学』(平凡社、二〇〇六年)、井上泰至『サムライの書斎―近世武家文人列伝』(ぺりかん社、二〇〇七年)などがある。

2▼中村幸彦「朝鮮軍記物」(『日本古典文学大辞典』岩波書店、一九八四年)。

3▼高橋修「軍学者宇佐美定祐について―紀州本川中島合戦屏風の周辺―」(「和歌山県立博物館研究紀要」二、一九九七年三月)。同「合戦図屏風の中の「謙信」」(池享・矢田俊文編『定本上杉謙信』高志書院、二〇〇〇年)。

4▼井上泰至「歴史の捏造―『東国太平記』の場合」(「国語国文」69-5、二〇〇〇年五月)。

5▼大関本『朝鮮征伐記』からの引用は、国立国会図書館本によるが、跋を欠くので、これのみ国史叢書(大正六年、黒川真道編)に拠った。

6▼井上泰至「読み物としての近世軍書」(「国語と国文学」81-4、二〇〇四年四月)。

7▼中村幸彦「太平記の講釈師たち」(『中村幸彦著述集』第十巻、中央公論社、一九八三年)。

8▼『清正記』の刊行は寛文三年で、大関本『朝鮮征伐記』自序の年記より一年遅い。しかし、内容から見て『清正記』の行文とはかなり一致する部分が多く、『清正記』刊行以前に写本を得ていたか、自序の年記そのものを疑うべきかと現段階では考えている。定祐は、他の軍書でも序文の粉飾によって、自作の成立を遡らせる挙に出たようで(**注4**先掲拙論)、その可能性も考慮に入れておくべきと考える。

9▼国文学研究資料館蔵本による。

10▼**注1**石岡前掲書。

11▼小和田哲夫『呪術と占星の戦国史』(新潮選書 一九九八年)。

12▼注4。

13▼この事実があったことは、長谷川泰志「三　戦国軍記の構成と構想」（堀新編『歴史と古典　信長公記を読む』吉川弘文館、二〇〇九年）に詳しい。

14▼注1井上前掲書。

15▼野口武彦『江戸の兵学思想』（中央公論新社、一九九九年）。

16▼高橋章則「徳川時代の歴史思想」（苅部直・片岡龍『日本思想史ハンドブック』新書館、二〇〇八年）。

井上泰至

4 娯楽と教訓として成立する歴史読み物

馬場信意『朝鮮太平記』を読む

思い切って歴史を捏造したと思われる宇佐美定祐とは異なり、馬場信意の場合は、先行文献を豊富に利用し、概ね先行作品における史観を継承しつつ、歴史記述の空白を埋めたり、人物の造型に力を入れたり、文章を分かりやすく変えたりすることで、読者に受け入れられやすい形で娯楽と教訓を提供することを目指した。ただし、あくまでも、彼は自分の作業を歴史記述と認識していて、ここが虚構を標榜する読本作者との違いである。彼は通俗軍記から読本へと移行する通過点にいる。しかし、司馬遼太郎の作品を、史書よりもリアルな歴史として信じる傾向が一部の読者に見られるように、馬場信意の営みも同時代に歴史として認められた側面がある。彼の作品にはこれから新しく光を当て、読んでいく必要があるように感じられるのである。（金）

表紙の色は主に紺、書型は大本（縦約27センチ、横約19センチ）、表記は漢字片仮名交じりをその形態的特徴とし、「歴史」を標榜しながら、大なり小なり「歴史小説」的内容を合わせ持つ、日本の歴史に取材する作品群が近世に百点以上も刊行された。それらを当時の分類に従って「軍書」と呼ぶことにする▼注1。このジャンルの唯一・最大の作家は馬場信意（一六六九〜一七二八）である。刊行作十四点は最多、作品全ての序や内題下に「馬場信意」の名を明記する。他の作者は多くて三、四点程度に留まり、名を隠す者も少なくない。信意の軍書は、刊記によればそのほとんどが京と江戸の書肆から売り出され、八点まで求版・改題本が認められる。量的にはもちろん、軍書作家としての盛名と作品の好評からも、信意をこのジャンルの代表選手と位置づけることに異論の余地はなかろう▼注2。

本章では、刊行第一作『朝鮮太平記』（宝永二、一七〇五年七月序、同年八月刊）を主に取り上げる。本書は京の山岡四郎兵衛・江戸の須原屋茂兵衛・玉置次郎兵衛から刊行された。以後山岡からは『北国太平記』『北国全太平記』が続けて刊行され、さらには信意の地元京都の田井利兵衛からは『南朝太平記』が刊行、好評を得て、『義経勲功記』『曾我勲功記』『曾我物語評判』へと続く、それら全ての端緒となったという意味で、成功した作品と思われる。その内容の検討から馬場信意が通俗軍書作家として始発した状況・条件を考察するのに格好の対象と予想される所以である。

豊富な情報

信意は、自作の内題下に「洛下柳隠子馬場信意編集」（『北国太平記』）「洛下馬場玄隆信意輯録」（『中国太平記』）「洛下馬場玄隆信意重撰」（『西国盛衰記』）などと記している。「著述」と記す例（『義経勲功記』『義貞勲功記』）もないわけではないが、信意の前に存在した記録・軍書に取材し、つなぎ合わせ、編集したことを謳う。『朝鮮太平記』には内題下にそうした記述がないが、実体は序文に「竊《ひそか》に明鮮俊士の諸書を集め、和朝諸家の秘記を探り、而して虚を捨て、実を拾ひて之を是正して」▼注3とあるとおり、日本の軍書等、さらには中国・朝鮮の記録をも広く取材して、「編集」を行っている。その主な取材源をまず報告しておこう。

本作冒頭では、朝鮮の歴史の濫觴である箕子とその王であった紂の悪政を『東国通鑑』『史記』から（巻一「朝鮮国来由事」）、神功皇后の三韓攻略から李氏朝鮮に至るまでの日朝関係の経緯を『日本書紀』を中心にそれぞれ取材して描く（「三韓属二于日本一事　並改二国号一事」）。続く秀吉の経歴（「豊臣秀吉公素性事」「秀吉公治世事」）については、『太閤記』『豊臣秀吉譜』を参照する。以下は、文禄・慶長の役の記述へと入っていくのだが、日本の軍書等としては、まず、小田原攻め（巻二）、豊臣秀長・棄君の死（巻三）、大政所の死と秀吉の帰京（巻九）、秀頼の誕生と伏見築城・吉野の花見（巻十五）、秀次の没落と切腹（巻十五・十六）、醍醐の花見（巻二十六）、秀吉の死（巻二十九）など、豊臣家に関する動静をやはり『太閤記』『豊臣秀吉譜』から取材。朝鮮における戦闘および外交交渉の経緯について、日本側の記述は、堀杏庵『朝鮮征伐記』宇佐美定祐『朝鮮征伐記』を基とし、加えて加藤清正の活躍については『清正記』『続撰清正記』でこれを補っている。一方朝鮮・中国側の記事の取材源としては『懲毖録』『両朝平攘録』がその主なものといえよう。

『懲毖録』の筆者柳成竜は、李氏朝鮮の最高官職領議政としてこの戦争に当たった人物で、『懲毖録』では朝鮮側から見た戦争の顚末を仔細に描いた。成立時期は、一六〇四年以前とされ、一六四七・八年ごろ朝鮮で刊本が出、日本では、元禄八年（一六九五）正月、貝原益軒の序を付して、京都二条の大和屋伊兵衛から訓点を付した和刻本が刊行されている▼注4。信意は、本書から以下の部分を取材している。それは、戦争に入る以前の橘康広・宗義智・柳川調信ら日本の使者と朝鮮側の対応（巻一）、通信使の日本来航と日本側の対応（巻二）、朝鮮による日本の動向の明への通報、朝鮮側の防衛準備と李舜臣の登用（巻三・四）・活躍（巻八・二十・二十一）・不遇と悲劇的な死（巻十八・十九・三十）、文禄の役における朝鮮側の敗退・撤退（巻四～七）、明の援軍による挽回と戦線の膠着（巻八～十四）、慶長の役における朝鮮軍の動向（巻十九～二十一）、そして朝鮮の地理（巻一・四）と、この戦争における朝鮮側の情報はほとんど本書に頼っていると言ってよい。それはこの戦争の当事者双方の記録を編集することを可能にし、それまでに出た「朝鮮征伐記物」と一線を画する質量ともに充実した内容を本書にもたらしたという点で、極めて重要な意義があったことは既に指摘がある▼注5。『朝鮮太平記』と同年同月に出た『朝鮮軍記大全』も『懲毖録』に取材することを序文で明記するが、事件の経過を追うことに終始し、情報量は『朝鮮太平記』よりはるかに少ない。

同じことは日本側から見た戦闘、および日本と明の和平交渉、慶長の役における日本と明との戦闘についても言えることで、『朝鮮軍記大全』は堀杏庵『朝鮮征伐記』（九巻、万治二年刊）によることを序に言うが、『朝鮮太平記』はさらに浩瀚な宇佐美定祐『朝鮮征伐記』（4章参照）をもその取材源とし、豊富な情報量を誇る。文禄の役の前半、日本軍の連戦連勝から李王が京城・平壌・義州へと撤退するまでは、戦争は日朝間のものであったが、朝鮮の要請により明軍が派兵されてからは、明軍による平壌の奪回、口舌の徒沈惟敬による和平交渉とその破綻、蔚山や泗川における激戦など、事態は明と日本の間で推移し、李舜臣の活躍などを除いて朝鮮側の動静は、戦争の展開の背後に後退する。『朝鮮太平記』は、中国側の資料、特に諸葛元声の『両朝平攘録』に拠る堀杏庵『朝鮮征伐記』から明の動静を取材している▼注6が、『朝鮮太平記』堀杏庵『朝鮮征伐記』『両朝平攘録』の三者を仔細に比較してみると、信意は、堀杏庵『朝鮮征伐記』のみならず、直接『両朝平攘録』にも拠ったことが確認できる。『朝鮮太平記』は、明側の外交文書を盛んに掲載し、その点が当時でも本書の情報量の多さを示すバロメーターと見られていた（『和漢軍書要覧』）。たとえば、巻十九「沈惟敬送二加藤清正書翰一　並答書同送二金命元書翰一事」で、明の講和の使者が秀吉の望んでいた南朝鮮割譲を全く相手にしていなかったことに激高し、再び戦争に入ろうとしていたにもかかわらず、これを朝鮮撤退の動きと明側に全く逆に知らせていた沈惟敬は、いよいよ戦争が迫ってくると加藤清正に明の大軍を誇示して撤兵を勧める。ところが、清正は、明との一戦に勝利して朝鮮はもちろん北京まで焼き尽くすと返信、これが明・朝鮮側に伝わって沈惟敬は全く信用を失う。ここまでは堀杏庵『朝鮮征伐記』並びに宇佐美定祐『朝鮮征伐記』から『両朝平攘録』の記述を得ることも可能である。しかし、その際の沈惟敬の長文の弁明書は、『朝鮮征伐記』二種にはなく、直接『両朝平攘録』に拠っていた、と考えられる。

以上、取材源の多様さとその帰結としての情報量の豊富さが、本書の特長としてまず挙げられるべきであろう。

対外認識と自国認識

次に、信意は浩瀚な情報をいかに「編集」していたのか、検討する番である。特に、題材が題材だけに、朝鮮に対していかなる意識を信意が持っていたのかについての検討は、この際、欠くことができない。本書は冒頭朝鮮史の濫觴を『東国通鑑』から引用するが、その際、朝鮮国独立の由緒を示す壇君神話を取らず、箕子朝鮮の説話のみ採用する。即ち、殷の紂王を倒した周の武帝は、紂王の叔父である箕子を尊敬して臣下とせず、外臣として遼東の朝鮮侯に封じた。これが前漢まで続いた箕氏朝鮮だとするものである。続いて、本書では神功皇后の三韓攻略と服属や、李氏朝鮮の明への「属」が述べられるわけで、その背後には、中国・日本に翻弄された歴史の先例を見る信意の意識が垣間見える。文禄・慶長の役に至るまでの朝鮮史を概括する巻一「朝鮮国来由事」から「三韓属二于日本一事」に続く一連の記述の最後では、忠清・慶尚・全羅三道の人は

「文学を崇めて、博識広才の者多く」とする一方、平安・咸鏡二道の人は、「武を習ひ、矢弓を以て、飛鳥を落し、馬を馳《は》せては、千仭《せんじん》の谷深しとせず。尤も強兵猛卒の気ありと云へども、其風俗非礼にして、極めて卑賤の処なり」と侮蔑的な視線を隠そうとしない。朝鮮の「文」は認めるが、「武」はなぜこれほど貶めるのか。

それは、一つには『懲毖録』に描かれる、朝鮮側の無為無策や内部抗争と朝鮮軍の弱さから得たイメージなのであろう。戦争の勃発前、日本への使者のうち副使黄允吉は日本からの兵禍を報告するのに対し、正使金誠一は人心の動揺を避けるため兵禍の可能性をある程度予期しながら日本軍の到来を否定する報告をして、これを受けた朝鮮側では議論が分裂したこと（和刻本巻一5丁オ）。それでも遅まきながら防御の準備を整える築城をする際、要害堅固を旨とせず、交通が便利な平地に大人数を収容する方針で臨み、戦術的に失敗、また、平和に慣れきった朝鮮人民からは徴用に怨嗟の声が満ちたこと（巻一6丁オ～ウ）。緒戦の釜山はじめ嶺南各城の陥落の報に接すると、慶尚道の水陸両軍は日本軍を恐れて出兵すらせず、防衛の要所忠州を失って京城陥落の環境を作ってしまったこと（巻一17ウ～18オ）。救援の三道軍も命令が統一されず、将はみな文人出身で、険所での備えを怠り、日本軍に簡単に蹴散らされてしまったこと（巻二1オ～ウ）、などそのお粗末さは枚挙に暇ない。忠州陥落でも、信意は、大半を『懲毖録』に拠りながら、朝鮮の将を「皆微弱にして、一人も武の道を知らず」と自身の評価を挿入している（巻五「小西行長陥二忠州一」）。さらに、平安・咸鏡二道の人についての侮蔑的な視線は、朝鮮王子臨海君・順和君が咸鏡道会寧に避難するも鞠景仁が背いて二王子を拘束、加藤清正に引き渡す一件（『懲毖録』巻二4ウ）などがその原因となったか。

もちろん、ことはそれだけでは割り切れないのであって、信意はこの戦争を、秀吉が日本統一の「兵威の余光」を大明に輝かそうと意図したことから発した「三韓の征討」と位置づけていた（序）こと、それは先例としては神託に端を発する神功皇后の三韓侵攻と服属の証拠としての朝貢に求められ（巻一「三韓属二于日本一事」）、それにもかかわらず朝鮮から使者が来ず「世々日本の属国たりながら、是我を鄙しんずるなり」と秀吉が考えるところに事態の端緒があると描いている（巻一「遣二橘康広於朝鮮一事」）点からも考えるべきであろう。信意は戦国期の九州の動乱を扱う『西国盛衰記』の巻一において、蒙古襲来とこれに備えた九州探題を西国武士の濫觴として描き出す。『朝鮮太平記』同様、『元史』「日本伝」と『八幡愚童訓』という彼我の資料に取材し、これらをつなぎ合わせるが、再度の風雨による蒙古の滅亡を「神国の霊験」とする点が注目される。十六世紀半ばまでの日本人の世界観に、元寇を契機とした神国思想の確立・普及と、『八幡愚童訓』に代表される「蒙古は是犬の子孫、日本は則神の末葉也」や神功皇后の三韓攻略における「新羅国の大王は日本の犬也」といった表現に端的に示される夷狄観があったことは指摘があるが▼注7、元寇の神風による敗退の由来を三韓攻略に求める記述は、軍書作家信意には常識の書物であった『太平記』巻三十九（「自太元攻日本事」「神功皇后攻新羅給事」）にも見える。信意にも神国意識と夷狄観はある程度受け継がれていた、と見るべきであろう。

近世日本の対外認識については、中世の〈本朝・震旦・天竺〉という多元的世界観を継承した〈本朝・唐・西洋〉という世界観と、神国思想を継承した「日本型華夷意識」とから成ると概括でき、その意識から朝鮮・琉球・蝦夷はどれも自律性を有せず、神功皇后の三韓攻略や新羅入貢、源為朝の琉球渡海伝説、源義経の蝦夷渡海伝説の流布により、蔑視の対象となっていた、との指摘もある▼注8。この指摘が日本の近世全体にあてはまるのかは、慎重な吟味が必要であろうが、信意の場合、神国思想と夷狄観に基づく伝説の流布については、その典型例と言える。『朝鮮太平記』巻二「琉球朝貢事」では、源為朝の琉球渡海征伐伝説とそれによる琉球における神道の普及を記述しているし、『義経勲功記』の冒頭「夢伯問答」では、常陸坊海尊こと残夢仙人が、源義経の蝦夷渡海伝説を語って、蝦夷地の義経・弁慶信仰を述べ、寛文九年（一六六九）の大規模な蝦夷反乱の主導者シャクシャインが義経の後裔であると説く。

ここで、信意の対外認識の思想史的位置づけが問題となってくるが、いまだ筆者にこれを本格的に論じる準備はない。ただし、信意が序文に「止戈士」（軍学者）を自称することから推して、神国意識や朝鮮の易姓、武にうとい国柄、三韓攻略と新羅入貢の歴史などを言う山鹿素行▼注9の立場と近いことを指摘しておくに留めたい。

（朝鮮の歴史を概括した後）然れば其の国亡ぶること二度、易レ姓こと四度也。…況や武義を不ニ心得一ゆゑ、兵器弓馬も不レ宜、或は従ニ契明一、或属ニ大明一。本朝は海中に独立して四時不レ違、五穀つねに豊饒也。往古の聖神化の国中柱と定め、豊葦原中国と称し玉ふ。…神功帝征二三韓一玉うて、八十艘のみつぎものを奉り…されば高麗文武共本朝に及ぶべからず。況や豊臣家の朝鮮征伐をや。

（『諳居童問』）


本朝は天照大神の御苗裔として、神代より今日迄其の正統一代も違ひ不レ給、…況や勇武の道を以ていはば、三韓をたひらげて、本朝へみつぎ物をあげしめ、高麗をせめて其の王城をおとし入れ、日本の府を異朝にまうけて、武威を四海にかがやかす事、上代より近代迄しかり。

（『配所残筆』）


書画百工の技、剣刀器械の芸も亦多く外国に愧ぢざるなり。高麗は本我が属国なり、文と云ひ、又外朝に比すべからず。…神聖の大道は唯一にして二ならず、…住吉大神、三韓を我れに賜ひ、初めて外国の典籍相通じ、以てその揆を一にすることを知る。

（『中朝事実』）

人物中心の歴史

それでは、本作において、秀吉の企図は日本の武力の誇示という点から、一方的に賞賛されているのかと言えばそうではない。巻二「通信使到二聚楽第一事　附国書事」では、秀吉の容姿について、「其たけ矮く、其さま陋《いや》しふして、曾《かつ》て貴人の相にあらず。面色赤く黒ふして、さながら猿の顔の如し。世人に替りて、異相ありと覚ゆるは、眼《まなこ》の光り閃《ひら》めいて、其余光人を射る」と、おおむね『懲毖録』を引きながら、なかば否定的に描いている。天正十九年（一五九一）に一子棄君が夭折、悲嘆の中、朝鮮攻略を決意する秀吉は、五大老・五奉行を集めて事を諮る（巻三「秀吉公朝鮮征伐評定事」）。秀吉は、外征が神功皇后以来の壮挙であり、一子の夭折を受けて日本は秀次に譲り、自身は中国の皇帝となる野望を語り、使節への返事もない朝鮮をまず征伐し、のち明に入ることを評議にかける。諸臣は心中、一子の夭折に悲嘆の余りの乱心かと考える。以下がオリジナルなのだが、天下統一の戦いに諸士・万民が疲れ、ようやく平和に一息ついているのに、この外征を行えば上下とも困憊することは必定、と思うものの、誰一人切り出す者がいない。そこで以下のような顚末となる。

備前宰相秀家浮田進み出て申されけるは、是実に神功皇后以来の大事なり。武将の兵威を外国に耀さん事、君にあらずして誰か能く是をなさん。上代にすら未だ聞ず。まして云んや末代をや。尤思召し立るべしと申されける。是秀吉公の気象、諫めを容るるの心にあらず。其諫むまじきを知るが故に、秀家かくは答られけり。其外の智臣も、秀吉公一身の勇智に慢じ、忠臣の直諫を用ひ給はざる処の心を察し、皆此義に同ぜられしかば、秀吉公大に悦喜あり。

この部分の前後を取材する宇佐美定祐『朝鮮征伐記』では、徳川家康が徐に進み出て、秀家と同様の言を言うが、本書のような、諫言を入れない秀吉の慢心を読みきった発言といった陰影に富んだ解説はない。『朝鮮征伐記』は写本のため、家康を登場させることができたが、刊行された『朝鮮太平記』では憚られたのであろう▼注10。これを宇喜多秀家の言とし、内心は皆外征に反対であった事情を信意は加えた。これが、本書と同年に出された『朝鮮軍記大全』になると、加藤清正に高声を張り上げさせ、「神功皇后以来日本の犬同然の彼の国が朝貢を怠るのはけしからぬことであり、棄君の弔いにも格好の企図として、この外征の先鋒を承り、朝鮮王を生け捕りにして明への案内役にさせてみせる」という啖呵を切らせている。本書は、こうした単純な好戦性をもとらない。この段の末尾においても、

天下久しく乱れて、万民居を安んぜず。然るに近年、四国九州悉く平均しぬ。東国は北条一家を征伐あり。今は日本六十余州、豊臣家の威風に帰伏し奉りぬれば、諸人安楽に思ひに住せんと、始めて喜び居る処に、又思ひの外に朝鮮征伐の軍陣ありしかば、万民の歎きやまざりけり。

と結んでいる。秀吉の卑賤な容貌と、外征がもたらす民への負担は、巻四「太閤秀吉御出陣事並名護屋御著陣事」でも繰り返されているが、以上から窺えるのは、外征の影の側面という歴史

認識を、秀吉と秀家との演劇的なやりとりでわかりやすく読者に提示する方法である。歴史認識については、和刻本『懲毖録』序で貝原益軒が、戦を忘れた朝鮮も、戦を好む豊臣氏も、共に国の用兵において戒めるべきものと、この戦争を論じているが、信意もおおむねこの立場にあったと見てよい。さらに信意は、豊臣の悪政をわかりやすく強調することで、結果として、現徳川の平和を賞揚することができた。

印象的な場面や人物の善悪の強調といった語り口は浩瀚な資料を編集する各所に発揮されている。類例を幾つか挙げれば、小西行長・石田三成による明との和平交渉の背景を、『続撰清正記』などに見える小西・石田と清正の不和を基にして、清正による朝鮮二王子生け捕りのような華々しい戦果を小西・石田が妬んでの行動と解釈して説明したり（巻十三「沈惟敬再調二和議一事」）、三成の出世は彼が美童であり、秀吉と衆道の関係にあったことによるとしたり（巻十六「石田治部少輔讒二加藤清正一　並石田立身来由事」）、蔚山城中から一旦の和平盟約のため城中を出ようとする清正の凛々しい扮装と、浅野幸長から身の危険を諭されて感涙に咽びながら意を決し出かける様を描いたり（巻二十五「清正楊鎬会盟破事」）する例である。江戸時代が関ヶ原の戦いによって幕明けした以上、石田・小西は悪でなければならない。そこに、嫉妬深く、奸佞な彼らの造型は誇張される。一方で、軍記としての面白さは雄略の武将の活躍によるわけで、石田・小西に対比して清正は美化されていく。しかも、清正のよき理解者には、浅野幸長や黒田長政のような江戸時代にも残る大名たちが役得の立場に置かれる。

そうした描写が最も精彩を放つのは、文禄の役の和平交渉に活躍した二枚舌の外交家沈惟敬の造型である。信意が取材した資料からふくらませたのは、明・朝鮮側にも日本側にも耳あたりのいい偽情報をまことしやかに語り、その裏で小西と通じて私服を肥やす部分である。秀吉が明側の使者に激高して、清正らが再び渡海の準備をする情報が明・朝鮮に伝わり、自らの嘘が露見しても、なお沈惟敬は「少しも驚かず」、その弁舌で「我命だにあらば、終に和儀調ふべし。何ぞ畏るる事あらんと。打笑」う（巻十七「使臣等帰国事」）。その後も、釜山への派兵を考える李元翼をその巧言で迷わせとどめさせたり、秀吉の恭順姿勢を明・朝鮮に捏造して報告したりする（巻十七「李元翼與二方亨惟敬一会談　並詐二欺朝廷一事」）が、そうした部分に信意オリジナルの文辞は多く、講釈風の描写には最も適していた人物であった。

以上、本書では、歴史の推移は、こうした人物の造型とやりとりに集約的に描かれており、そのわかりやすさ、おもしろさが、事態の推移のみを坦々と記述する『朝鮮軍記大全』との大きな相違だったのである。

結　語

本書のような信意の軍書の特徴は、『曾我勲功記』『曾我物語評判』の分析から、濱田啓介が指摘した点▼注11とほとんど重なる。信意の虚構は、事態の脈絡をつけ、必然的に推移させるためのものであり、巧緻に伝記を作成し、現象をうまく理由づける技術は、現今の伝記作家、或いはさらに一部の歴史家さながらである。その上に堂々と加入される創作は、証拠なきところを塡めるためのもので、それは歴史小説家の営為そのものである。ただし、信意の前に歴史小説というジャンルは定立していないので、序文では歴史を標榜せざるを得なかった。以上、濱田の指摘は実に要所を衝いたものである。

本稿で取り上げた広範な取材と、濱田の指摘にもある歴史小説的編集・創作といった、信意軍書の性格が、当初から認めうるものとして、ここからは、さまざまな問題が派生する。信意は、その序で必ずといってよいほど、自作が史実であることを言う。信意の軍書への好評は、創作を史実として鵜呑みにさせたことを予想させるが、一方で、晩年になると信意の軍書は、絵入り平仮名書きという娯楽小説の体裁をとって出版されるようになる（『義貞勲功記』『武徳鎌倉旧記』）。それは、信意の作を歴史そのままとは受け取らない見方が、当時にもあったことを意味するものである。そのことは、享保期あたりから目立ってくる、軍書における、史実へのこだわりの姿勢と、それとは対極にあった史実離れという二極分化▼注12の現象とも重なり、問題はジャンルとしての軍書の展開の点からも、意識を転換して虚構を標榜する読本への前提という点からも、検討が必要な問題となってくる。

また、信意は、やはりその序で必ずといってよいほど、自作が史実ゆえに教訓となることを意義として説く。その教訓の意図するところと実際の効果はどのようなものだったのか。信意はよく序文で、歴史を鑑とした忠義や武の教訓を言う。佞人の滅亡と忠勇の武功は、石田・沈惟敬・

加藤らの活躍から、十分読み取れるが、さらに大きな政治的・軍事的教訓ということになれば、益軒が評した、武に弱すぎる朝鮮も、強すぎる秀吉も滅亡するという教訓を言いたかった、という所に落ち着く。もちろん、そのことは、信意の教訓が、決して高級なものではなく、益軒から頂いた戦争の評価を教化の方向に利用したものであったことになる。

始発の時点で一応確認された、彼の教訓と話法の通俗性・娯楽性は、後続の作ではどうだったのか。そのことの検討は、信意軍書の性格の本質を明らかにするとともに、先の文学史的問題の解明にも必要な吟味となろう。

ただし、それらは残る信意の軍書の全体を見渡して可能となることで、機会を改めて論じるべきものであることは言うまでもない。

注

1▼軍書の沿革については、拙稿「読み物としての近世軍書」(『国語と国文学』八一巻四号、二〇〇四年四月)「近世刊行軍書年表稿」(『江戸文学』四一、二〇一〇年一一月)を参照されたい。

2▼藤岡作太郎『近代小説史』(大倉書店、一九一七)では第二編「元禄時代」第五章「元禄以後の小説家(軍記と怪談)」で信意を、軍記の代表作家としている。

3▼『朝鮮太平記』からの引用は、盛岡市中央公民館蔵本(国文学研究資料館蔵マイクロフィルム)による。原文の片仮名は、全て平仮名に改めた。

4▼朴鐘鳴訳注『懲毖録』(東洋文庫・平凡社、一九七九)解説。

5▼崔官「朝鮮軍記物の展開様相についての考察」(『語文』一〇八輯)二〇〇四年三月。

6▼注5崔論文に指摘あり。なお、『両朝平攘録』の日本への流入については、内閣文庫に杏庵の師林羅山旧蔵の写本が認められること、杏庵が仕えた尾張徳川家が本書を寛永九年購入していること(蓬左文庫本)、島津久通『征韓録』(寛文十一年自跋)や松下見林『異称日本伝』(元禄元年序)に本書が引用されていることなどが確認できる。

7▼村井章介『国境を越えて——東アジア海域世界の中世』(校倉書房、一九九七)九五~九七頁、金光哲『中近世における朝鮮観の創出』(校倉書房、一九九九)三四、三〇四~三一一頁。なお、「犬」の表現は『日本書紀』神功紀に由来する。

8▼荒野泰典『近世日本と東アジア』(東京大学出版会、一九八八)五三~五四頁。

9▼『謫居童問』(『山鹿素行全集』第十二巻、岩波書店、一九四〇、三三二~三三六頁)、『配所残筆』(同、五九二~五九三頁)、『中朝事実』(同第十三巻、二一六頁)。なお、素行は、文禄・慶長の役について、治世に専念せず貪欲に外征を行ったものとして、戦争の正当性は認めていなかった(『山鹿随筆』)。この点、羅山・益軒と立場は同じである。

10▼上杉浪人宇佐美定祐『朝鮮征伐記』は、豊臣贔屓で、秀吉の失政には言及しない。

11▼「近世に於ける曾我物語の軍談について」(『近世小説・営為と様式に関する私見』(京都大学出版会、一九九三年)所収)

12▼拙稿「読本の時代設定を生み出したもの—軍書と考証」(『江戸文学』四〇、二〇〇九年五月)

金時徳

5 諜報活動から朝鮮にもたらされた『撃朝鮮論』

情報収集径路の謎

書物の「交流」とよく言われるが、そのことには多様な意味や文脈が存在する。朝鮮通信使の記録を読むと、その視線には、軍事に傾いた日本の国情に対して自らの文化的優位を確認する視線とともに、日本の多様な出版文化の中に文禄・慶長の役に関するものがあることへの驚きと畏怖が見いだせる。また、その記述から通信使には敵情視察の意味あいもあったことがうかがえる。では、朝鮮側では日本の情報をどう入手し保存していったのだろうか。（井上）

はじめに

朝鮮時代後期の学者である李瀷《い・いく》（一六八一―一七六三）の『星湖僿説』巻十二・人事門「日本地勢弁及撃朝鮮論」と、韓致奫《はん・ちゅん》（一七六五―一八一四）の『海東繹史』巻六十五「本朝備禦考五　付録」には、『撃朝鮮論』というタイトルの文献の本文（漢文）が載っている。『星湖僿説』の記すところによると、この文献は朝鮮の使臣が日本から齎したもので、その内容は、壬辰戦争のことを兵学的な観点から論じたものである。管見の限り、『星湖僿説』・『海東繹史』所収の『撃朝鮮論』に完全に一致する文献は、日本には見当たらない（後述するように、類似文章は確認されるが、完全に一致するわけではなく、検討すべき点が多い）。

本章では、『星湖僿説』・『海東繹史』所収の『撃朝鮮論』を分析することで、『撃朝鮮論』の成立事情、朝鮮への将来と流布状況を検討する。そして、この近世日本の兵学書が、日本における朝鮮通信使の情報収集活動によって朝鮮に将来されたことの持つ、近世東アジアの学術史上の意義を指摘し、『撃朝鮮論』が朝鮮後期の壬辰戦争・日本言説の形成に一助したことを確認する。最後に、『撃朝鮮論』の現代語訳を載せる。

『撃朝鮮論』の成立事情

『星湖僿説』・『海東繹史』所収の『撃朝鮮論』に関する韓日両国の研究はほとんど見当たらないといっても過言ではない。韓国の学界の場合、朝鮮時代における中国文献の享受に関する研究に比べ、日本の文献の享受に関する研究は量的に少ないのが現状である。例えば、韓日両国の文献交流を検討した李俊杰は、韓国から日本への文献の将来の事実を強調する一方で、「純粋な日本の書籍として朝鮮に入ってきたものの数は余りにも少ないため、一章を立てるには、あまりにも資料の乏しさを感じる」▼注1といいながらも、本章のテーマである『撃朝鮮論』や、朝鮮後期における享受が注目されつつある『和漢三才図会』▼注2などには触れていない。一方、河宇鳳は李瀷の日本観を分析する中で『撃朝鮮論』に触れる。

> 日本の侵略動機についても、星湖（李瀷の号―引用者）は、日本人の史書と『撃朝鮮論』を参照して、自分なりの分析を行った。（中略）『撃朝鮮論』を読んで、平壌城・碧蹄館の戦いについて分析検討した後、日本軍の戦術上の短所をも指摘した。（中略）星湖は、壬辰倭乱の持つ歴史的な意味を追求するとともに、入手できた資料・情報を『星湖僿説』に入れることで、壬辰倭乱に関する記録の保存にも力を注いだ。例えば、日本人が書いた『撃朝鮮論』を入手しては整理して記録した。（下略）▼注3。

右の指摘は、『撃朝鮮論』を李瀷の学問が持つ志向性と関連させ理解しようとしたものとして注目される。しかし、河は『撃朝鮮論』の成立事情、朝鮮への将来・流布などには全く触れていない。

一方、筆者は約一六〇点に上る近世日本の壬辰戦争文献を確認しているが、その過程で、『高麗記』・『陰徳太平記』など、毛利氏系統の文献の一部が『撃朝鮮論』の内容に似ていることが分かってきた。しかし、『星湖僿説』・『海東繹史』所収の『撃朝鮮論』の本文に完全に一致する文献は、今のところ、見つかっていない。後述するように、『撃朝鮮論』の内容に類似する記事は確認されるのだが、両方の関係については解明すべき点が多く、しかも、その類似記事に関する研究も見当たらない。韓日両国の学界における以上のような状況を踏まえ、ここでは、まず、『星湖僿説』・『海東繹史』所収の『撃朝鮮論』の本文を分析することで、『撃朝鮮論』の成立状況を推定することにする

『撃朝鮮論』の作者の正体が推定できる記述が、本文の最後に記されている▼注4。

これは（わが）先生の小早川能久が誡めた所以である▼注5。

これによると、作者は小早川能久《こばやかわよしひさ》の弟子である。小早川能久とは、甲州流兵法・福岡藩系の軍学者である。甲州流兵法とは、武田信玄の兵法を軍学的に説く『甲陽軍鑑』を基本書として、武田信玄の息子の武田勝頼に仕えた小幡景憲《おばたかげのり》が創始した兵法の流派である。日本各地の藩主を含む二千余人の弟子を有する、近世の有力な兵法流派であったが、十一人の主な弟子のうちの一人が小早川能久であった。彼の弟子としては香西成資《かさいしげかず》の名が知られている。『星湖僿説』・『海東繹史』

所収の『撃朝鮮論』の本文には彼の名が見当たらない▼注6が、『撃朝鮮論』の内容は、元々香西成資の書いたものである可能性が高い。

小早川能久は戦国武将・毛利元就の八男の小早川（毛利・久留米）秀包の三男である。後述するが、このような血縁関係により、『撃朝鮮論』には、小早川秀包、およびその兄であり義理の父に当たる小早川隆景の、壬辰戦争当時の活動が特筆される。『撃朝鮮論』は、著者が師匠の小早川能久の教訓を参照して著述したことになっていて、『撃朝鮮論』の本文からは小早川能久の史観・兵学観が色濃く感じられる。

また、能久は当初水戸藩に仕え、やがて分家の高松藩に転じて同じ甲州流軍学の香西と会う。能久の姉長光院（秀包の六女）は、福岡藩黒田家の預かりで、家臣吉田重成に嫁ぎ、重成も能久門だった。この縁で香西は福岡藩軍学者になったわけである▼注7。

現存する『撃朝鮮論』の本文の分析から推定される原『撃朝鮮論』の特徴は次のようである。

『撃朝鮮論』の文字表記

通信使が日本から将来した段階の▼注8『撃朝鮮論』の表記文字は漢文であったと思われる。『撃朝鮮論』は単なる壬辰戦争の通史ではなく、壬辰戦争を兵学的な立場から評し、教訓を得ることを目的として書かれたと思われるが、このような志向性は、近世日本の兵書・軍書の一般的な傾向でもあった。このような兵書・軍書は漢文・漢字片仮名混じり文・漢字平仮名交じり文で記されるが、漢字片仮名混じり文・漢字平仮名交じり文で書かれた文献を読むためには、古典日本語に関するかなりの知識と訓練が必要となる。朝鮮後期の韓国人のうち、漢字片仮名混じり文・漢字平仮名交じり文で記された文献を読むことができたのは、日本との通交を担当していたごく一部の訳官に限られていたと思われる。従って、『星湖僿説』・『海東繹史』に漢文の『撃朝鮮論』が載っていることは、この文献の表記文字が漢文だったか、もしくは、漢字片仮名混じり文・漢字平仮名交じり文で記された文献を日本人の学者、もしくは朝鮮人の訳官が漢文に訳したということを意味する。『星湖僿説』・『海東繹史』所収の『撃朝鮮論』の本文には、慶尚道の「東萊」が共通して「登萊」になっているなど、近世日本の壬辰戦争文献の典型的な特徴が見受けられる。このような特徴は、日本語で書かれた文章を朝鮮人が漢訳したとしたら発生しなかったはずである。従って、『星湖僿説』・『海東繹史』所収の『撃朝鮮論』は、漢文で書かれた『撃朝鮮論』の丸写しである可能性が高いといえる。

『撃朝鮮論』の成立時期

『撃朝鮮論』には、明軍の名前・動向は詳細に記されているが、柳成竜を初めとする朝鮮側の人名・動向は漠然と触れられるにすぎない。このことから、『撃朝鮮論』が成立したのは、『両朝平攘録』・『武備志』などの明側の文献が日本に将来した後、より正確には、堀杏庵と林羅山とが明側の文献を利用して『朝鮮征伐記』と『豊臣秀吉譜』とを執筆し、両文献が流布されはじめた一六六〇年代以降である▼注9。これは、近世日本の壬辰戦争文献の第三期に当たる。

一方、近世日本の壬辰戦争文献において、朝鮮側の人名・動向が詳細になるのは柳成竜著『懲毖録』が将来された後のことであるが、『懲毖録』の日本への将来が最初に確認されるのは一六八三年で、一六九五年に京都で和刻板『朝鮮懲毖録』が刊行されてから、日本で広く流布するようになる▼注10。西日本に居住した小早川能久の弟子と思われる著者は、一六八三―九五年の間に西日本で朝鮮板『懲毖録』を入手した可能性もなくはない。遅くても、一六九五年に和刻本『朝鮮懲毖録』が刊行されてからは、その本文に触れることができたと思われる。ただ、一七〇二年に刊行されたが、明・朝鮮側の文献の利用がほとんど認められない『高麗陣日記』のような例外も存在するため、『懲毖録』所収の記事を利用しなかったことから『撃朝鮮論』の成立の下限を決めることは避けなければならない。

『撃朝鮮論』の系統

『撃朝鮮論』は毛利氏系統に属する壬辰戦争文献である。毛利氏系統とは、近世毛利氏の関係する者が執筆した壬辰戦争文献のことである▼注11。壬辰戦争の際、毛利一族は毛利輝元率いる第七軍に属した。毛利氏系統の文献としての『撃朝鮮論』の特徴が最もはっきり出ているのが、日本軍の先鋒が誰だったかを示す最初の箇所である。ほとんどの壬辰戦争文献においては、一五九二年に日本軍の先鋒に立ったのは小西行長と加藤清正の二人であったと記される。ところが、

『高麗記』・『毛利秀元記』・『温故私記』などの毛利氏系統の文献においては、宇喜多秀家などと共に、毛利一族が日本軍の先鋒に立ったことが強調されている。

ところで、主な毛利氏系統の文献においては、毛利輝元が日本軍を率いたと記されているが、『撃朝鮮論』には、毛利輝元の代わりに、彼の叔父である小早川隆景の名前が挙げられる。『撃朝鮮論』は、毛利氏の直系ではなく、傍系である小早川氏の後裔である小早川能久の弟子が著したためである。毛利氏の直系は毛利元就の長男の毛利隆元で、彼の息子の毛利輝元が壬辰戦争の際に第七軍を率いた。一方、毛利元就の次男である吉川元春の息子の吉川広家も参戦していて、彼の後裔が支配した岩国藩が作らせた『陰徳太平記』には、壬辰戦争の際に最も活躍したのは吉川広家であったというふうに記されている。次に、毛利元就の三男は小早川隆景で、壬辰戦争文献において、彼は日本軍の精神的な指導者として描かれる。最後に、毛利元就の九男である毛利秀包は、後に兄の小早川隆景の養子となって「小早川秀包」と呼ばれ、久留米城主として「久留米秀包」とも呼ばれる。彼は『撃朝鮮論』の作者の師匠である小早川能久の父に当たるため、『撃朝鮮論』の最初の箇所では、毛利輝元の代わりに小早川隆景が登場すると共に、本文では小早川秀包の行跡も特筆されるのである。

『撃朝鮮論』の執筆姿勢と史観

小早川隆景の動向を詳述し、小早川隆景の死亡記事を長く挙げる『撃朝鮮論』の執筆姿勢は、毛利氏のもう一つの傍系である吉川氏系統の『陰徳太平記』（巻七十七・七十九）のそれに通じる。また、『撃朝鮮論』には、一五九三年の第二回目の平壌城の戦いと碧蹄館の戦いまでは詳述され、その後の戦況は略述されている。このような特徴は、もう一つの毛利氏系統の文献である『高麗記』▼注12の特徴でもある。このように、毛利氏系統の文献の一部からは、『撃朝鮮論』の特徴に通じる点が確認されるが、『撃朝鮮論』の本文全体が完全に一致する文献は未だ見つかっていない。例えば、『撃朝鮮論』には、平壌城の戦いに負けて退散した小西行長が小早川秀包に都城への退却を勧めるが拒否される記事がある。堀本『朝鮮征伐記』（巻二）のような壬辰戦争文献においては、小西行長の敗北の噂を聞いて怯えた大友義統が小早川隆景に退却を勧めるが拒否される。『陰徳太平記』（巻七十七）のような毛利氏傍系の文献では、退却を拒否する武将が小早川秀包となっているが、退却を勧める武将は大友義統となっている。このように、『撃朝鮮論』の叙述は、多くの壬辰戦争文献のそれとは異なる場合が多い。これは、作者や作者の師匠の小早川能久の独自な史観・兵学観によるものと思われる。

ところで香西成資『南海治乱記』（一七一四年刊）巻十七「老父夜話記」の碧蹄館の戦の記述が『撃朝鮮論』に酷似することが注目される。特に安国寺恵瓊が「施餓鬼旗ヲ揚《あげ》払子《ほっす》ノ旄《ざい》ヲ採《とり》テ」指揮する文辞が一致する点は興味深い。最後に、多くの壬辰戦争文献とは違って、豊臣秀吉の朝鮮侵略を批判する箇所もまた、作者独自の史観によるものであろう。朝鮮侵略と日本軍の勲功との両方を称える多くの壬辰戦争文献とは異なり、『撃朝鮮論』では、豊臣秀吉の朝鮮侵略への批判と、日本軍の勲功への称美とが共存する。これまた『南海治乱記』同段に、日朝両国の民を殺したことを口を極めて非難する点重なって、注目される。このような『撃朝鮮論』の特徴は、第7章で検討する『慶長中外伝』のような少数の壬辰戦争文献のそれに共通する。

朝鮮への将来

『撃朝鮮論』が朝鮮に将来された過程については、

近頃、使として倭国に行って、向こうの文献数点を持ってきた人がいた▼注13。

という文章が『星湖僿説』巻十二に見える。「使」とは朝鮮通信使のことを指すと思われる。『撃朝鮮論』が成立したと思われる一六六〇年代以降から李瀷の死亡までの間には、一六八二年（第七回）・一七一一年（第八回）・一七一九年（第九回）・一七四八年（第十回）の四回にわたって通信使が派遣されている。『撃朝鮮論』の作者が甲州流・福岡藩系統の兵法者であり、その内容も西日本の毛利氏系統であることを考えると、四回の通信使のうちの誰かが、西日本（おそらく福岡藩）で日本人から『撃朝鮮論』を入手したと思われる▼注14。

李瀷の言葉からは、通信使がどのような状況で『撃朝鮮論』を入手したかを推測させるようなヒントは見当たらない。しかし、日本側の学者・上級武士が、壬辰戦争の際の日本人の活躍について記した文献を、通信使との公の唱和の場で渡したとは考えがたい。『撃朝鮮論』は、豊臣秀吉の朝鮮侵略には批判的であるため、唱和の場に臨んだ日本側の人物が、あまり朝鮮側を刺激しない範囲で、壬辰戦争に関する朝鮮側の反応を探るべく、提示した可能性もなくはない。しかし、『海東繹史』には『撃朝鮮論』の本文の後に、「征伐記」という書名が割注として施されている。『海東繹史』巻六十五における文献の引用の仕方を考えると、これは、『征伐記』という文献に載っている『撃朝鮮論』の記事を引用したことを意味する。そうすると、通信使が入手した『撃朝鮮論』の本文は、『征伐記』というタイトルの文献・文書の一部として存在したと考えるのが自然である。日本側が、『征伐記』というタイトルの壬辰戦争文献を唱和の場で通信使に渡したとは思えない。通訳をはじめ、現地の日本人と直接的に交流を結んでいた朝鮮人が『撃朝鮮論』を入手したというのが、今のところ、もっとも可能性が高い推測である。

今までの朝鮮通信使に関する研究では、朝鮮通信使が日本の学者・文人の作品を入手したことが指摘されてきた。しかし、これらの文献の他に、『撃朝鮮論』のような兵学書までもが朝鮮通信使の入手対象となったことの持つ意味は重大である。なぜなら、このことは、『撃朝鮮論』のような内容の文献が入手できた、朝鮮通信使の日本における人的ネットワークの存在を想定させるのみでなく、日本の政治・軍事事情を窺うという、朝鮮通信使の本来の存在意義を象徴するためである。

『星湖僿説』巻十二には、『撃朝鮮論』の前に『日本地勢弁』という文献も掲載されている。この文献もまた、今のところ、日本では原本が確認されていない。ちなみに、香西成資『南海通記』巻之一には「日本地勢記」という文章が載る。その内容は、日本の地勢が東北では山がちで険しく、南西では海洋に伸びている点が、中国の広大さに対して日本の独立を守れた要因だという論旨において一致する。『星湖僿説』では、直接香西の文章を読んだのか、漢訳されたものを目にしたのか、ともかく『撃朝鮮論』と同じ筆者のデータだという意識はあったのではないか。「日本地勢記」には「通考」としてコメントがあり、これを漢訳すれば「弁」となるからだ。となると、李瀷は『日本地勢弁』と『撃朝鮮論』とが同じ作者によるものであることを認識した上で、二つの文献を連続して載せたと考えていいのではなかろうか。ただし、その作者が香西成資という人物であることは知らなかったと考えたほうが自然である。そして、香西が仕えた福岡藩の人物、例えば、香西の弟子で『南海治乱記』『南海通記』の序を書いた竹田定直やそれに近い貝原益軒を介して通信使の手に入ったことが想定される。日本語の文章を漢訳したのも彼らのうちの一人ではなかったのだろうか。特に、貝原益軒は『朝鮮懲毖録』に漢文序をも付けているので、『撃朝鮮論』『日本地勢弁』の漢訳及び流通に関わった可能性は高いと見られる。

朝鮮内の流布とその学術史的な意義

最後に、朝鮮通信使がもたらした『撃朝鮮論』が、朝鮮後期にどのように流布したかを推定し、その学術史的な意義を指摘する。

今まで筆者が確認した限り、『撃朝鮮論』の本文を載せている朝鮮後期の文献は、『星湖僿説』と『海東繹史』、そして、奎章閣蔵『擇里誌』▼注15の三点である。十九世紀の中頃に編纂された百科辞典の『五洲衍文長箋散稿』「史籍総説」には、当時朝鮮に現存し、もしくは、朝鮮の学者が知っていた日本の歴史書と朝鮮人が編纂した日本関係の文献とが多数挙げられているが、そこに『撃朝鮮論』の書名は見当たらない。広い文献調査が行われるまでは断言できないが、今のところ、『撃朝鮮論』が朝鮮後期に広く流布したとは思えない。

一方、『星湖僿説』・『海東繹史』のそれぞれの現存本を広く調査していないため、これまた断言はできないが、韓国国立中央図書館蔵の両文献の写本に載っている『撃朝鮮論』の本文を比較することで、『撃朝鮮論』の流布状況がある程度推定できる。

① 両文献に載っている『撃朝鮮論』の本文の間には少なからず字句の相違が見られるが、異本と呼ぶような状態には至っていない。

② 壬辰戦争文献には、慶尚道の「東萊」が「登萊」と表記される場合が多く、両文献も同じである。この点は、両文献に載っている『撃朝鮮論』の本文が、日本で作成された原型を保っていることを意味する。一方、両文献からは、「井上五朗」を「井上朗」と、「久留米秀包」を「米秀包」（『星湖僿説』）・「未秀包」（『海東繹史』）と表記した箇所が見受けられる。これも原『撃朝鮮論』の状態を反映するものと思われる。

③『海東繹史』所収本文の「井上五朗及元康」が、『星湖僿説』所収本文には「井上五朗元及康」となっていて、毛利元康という人名が解体されている。一方、『海東繹史』所収の本文には、「増田長盛」の「盛」が「城」、「宇喜田秀家」の「秀」が「守」、「石田三成」の「成」が「城」と誤記されている。

④『星湖僿説』所収本文の最後は「小早川能久丈之所以爲戒也」、『海東繹史』所収本文の最後は「此先生小早川能久丈之所以爲戒也」となっている。『海東繹史』の編者が「此先生」という箇所を付け加える理由はないと思われるので、この箇所は原『撃朝鮮論』にあったと見てよい▼注16。

⑤『海東繹史』には、本文の後に「征伐記」という書名が割注として施されている。『海東繹史』巻六十五における文献の引用の仕方を考慮すると、これは、『征伐記』というタイトルの文献に『撃朝鮮論』の本文が載っていたことを意味する。しかし、現在まで筆者が確認した近世日本の壬辰戦争文献のうち、『征伐記』というタイトルの文献からは、『撃朝鮮論』の本文に一致する記事は確認されていない。

以上の結果をまとめると、(『征伐記』というタイトルの文献に含まれた形としての)『撃朝鮮論』を、十七世紀後期―十八世紀前期の朝鮮通信使が西日本、おそらく福岡藩で入手したこと、なお、李瀷の持っていた『撃朝鮮論』を韓致奫が受け継いだのではなく、李瀷と韓致奫とが別のルートで『撃朝鮮論』の本文を入手・利用したことが推測される▼注17。

『撃朝鮮論』の本文を、李瀷・韓致奫は、壬辰戦争・日本に関する自らの言説の構築に利用する。李瀷の場合は、それまで知られていた朝鮮・明の文献の内容と『撃朝鮮論』の本文とを対照することで、いくつかの疑問の答えを見つけ、それを自らの日本言説の展開に活用する（注3の前掲書を参照）。一方、韓致奫は『海東繹史』巻六十一―六十四において、朝鮮・明の文献における壬辰戦争言説と、『和漢三才図会』などに載っている近世日本のそれとを統合することで、立体的な壬辰戦争像を構築している。『撃朝鮮論』は、巻六十一―六十四には利用されておらず、巻六十五に付録として採択されていて、韓致奫自身による解釈は提示されていない。『撃朝鮮論』がこのように引用されているのは、『撃朝鮮論』が単なる壬辰戦争の史書ではなく、作者の独自な史観による史論・兵学論であったため、壬辰戦争に関する日本側の考え方を全体的に理解するための材料と見なしたためと思われる。李瀷・韓致奫が『撃朝鮮論』を利用した方法は相異なるが、壬辰戦争を朝鮮・明・日本の三国による国際戦争として理解するために、三国で制作された文献をすべて入手・利用しようとした姿勢は共通する。近世日本においては、一七〇五年に京都で刊行された『朝鮮軍記大全』と『朝鮮太平記』とがこのような姿勢から執筆されている。近世日本における『朝鮮軍記大全』・『朝鮮太平記』の事例と共に、『星湖僿説』・『海東繹史』における、『撃朝鮮論』や『和漢三才図会』などの受容による朝鮮後期の日本言説の立体化・総合化は、近世東アジアの学術史上、特記すべき事件である。

おわりに

本章では、朝鮮後期の文集である『星湖僿説』・『海東繹史』に引用されている近世日本の壬辰戦争文献『撃朝鮮論』の本文を分析することで、その成立事情を推定し、朝鮮への将来と流布、朝鮮の学者による利用方法とその意義を分析した。その結果、朝鮮後期に日本に派遣された通信使は、日本の学者・文人の文集・詩集や『和漢三才図会』などの他に、近世日本の兵学的な内容を有する『撃朝鮮論』のような軍事的な諜報をも収集の対象としており、通信使が入手したこれらの情報を、朝鮮の学者は壬辰戦争・日本言説の立体化・総合化に活用した。これは韓日交流史や朝鮮後期における日本言説に関する韓国の学界の研究に新しい問題を提起する。とともに、慣習的に中国と日本との交流にのみ注目してきた日本の学界にも警鐘を鳴らすものであろう。単に、日本から朝鮮へと兵学文献が将来されたという事実からではなく、清の翁広平による『吾妻鏡』の校注▼注18のような業績以上に、朝鮮後期の学者による日本研究が深化していたことを、植民地支配期を含む一〇〇年間、日本の学者が認知しなかったという意味からである。

【付録:『撃朝鮮論』の日本語訳】

孟子曰く、「小さいものは固より大きいものに敵対できず、弱いものは固より強いものに敵対できない」。孫武子曰く、「少数の部隊が多数の部隊と戦うと破れる」。秀吉公はこの点を知らなかったため、遙か大明国を征伐しようと、朝鮮側に道を借りようとした。しかし、朝鮮国王が応じなかったため、秀吉公は十三万の兵を以て、まず朝鮮を征伐するしようとして、宇喜多秀家を大将軍、小早川隆景を謀主、安国寺恵瓊を監軍、小西行長を先鋒に任命した。

壱岐島に至り、風を待っていたところ、小西行長が抜け出して釜山浦に着いた。小西行長は、二万人の朝鮮軍が守る釜山城を急に攻め落として八千余級を取り、続いて、登萊城を攻め、九百余級を取った。その後、忠州では秘策を以て急に攻め、城の周りを放火すると、敵は瓦解し、数え切れない者が殺された。

小西行長の後を追って海を渡った諸将は忠州で小西行長に会い、二手に分かれて進撃した。加藤清正は南大門へと進撃する部隊の先鋒となり、小西行長は東大門へと進撃する部隊の先鋒となって、直ちに王城へ向かったので、朝鮮国王は義州へと御幸した。小西行長は王城を乗っ取り、加藤清正は太子の臨海君と次子の順和君が兀良哈へと逃げたことを知るや、急いで彼らを追って生捕った。

大明が援軍を朝鮮に送ることを懸念した秀吉公は、六万の軍隊を追加派遣し、石田三成・大谷吉継・増田長盛に彼等を指揮させた。諸将が王城に集まり、小早川隆景に計略を聞いたところ、隆景は、「朝鮮は大明の属国である。朝鮮が侵略を受けたことが分かると、大明からは必ず援軍が派遣されるだろう。我が部隊は少数で、朝鮮人は服従せず、兵糧と力とは足りないので、後の災いがあるだろう。今すぐ勝利した間に退却して釜山浦に戻り、陣列を整え、兵糧を蓄えながら、明軍が出ることを待つべきである。持久戦をすれば有利であり、急いで戦えば不利である」と言ったが、諸将は彼の意見に従わず、臆病者とののしり、鴨緑江を渡って直ちに大明へと進撃することを望んだ。小早川隆景は仕方なく石田三成の計画を受け入れ、城壁を造って基を固めながら次々と進み、平壌に入って古城を守った。大友義統・黒田長政・久留米秀包が相次いで駐屯し、小早川隆景が最後尾を守った。宇喜多秀家・石田三成は王城に残って守った。

時に、遼東辺守の祖承訓が三千の軍隊を率いて安定館に至った。小西行長はまず軽兵を送って逆襲し、勝利しては喜んで、「大明軍は恐れるに足りない」と言った。大明からは将軍の李如松が五万人を率いて救援に向かった。李如松は明・朝鮮軍を合わせた二十万人の兵士で平壌を攻めた。小西行長の部隊は、死亡者が一万人に上り、彼には僅かに五千人の兵士が残った。退却した小西行長は久留米秀包に、「大明軍が襲撃してきたので、城壁を捨てて逃げなければならない」と言ったが、久留米秀包は、「敵の旗を見ないうちに逃げるのは、武士としてあるまじきことである。我らには戦いあるのみ」と言った。小西行長の敗報を聞いた宇喜多秀家は驚き、小早川隆景らに使いを遣わして王城からの退却を命じたが、小早川隆景は、「援兵が出ることはあらかじめ予想したことである。私は海を渡ってきた日から、この地で戦死することに決めたので、退くことはない」と言った。しかし、宇喜多秀家らは加藤清正に使いを遣わし、兀良哈との境から戻らせて、日本軍は全員、王城に集まった。

李如松は既に平壌を落とし、敗走する敵を追って開城に至った。そして、数万の朝鮮軍を遊撃軍となし、王城のまわりを放火させたので倭兵は益々恐れ、兵糧がなくなったので、人々は飢に瀕していた。ある者が李如松に、「倭賊のうち、強いものは皆平壌で戦死しました。全軍を動員して進撃▼注19すれば、必ず勝利するでしょう」と勧めた。李如松はこの言葉を信じ、高昇・孫守廉・祖承訓に二万人の兵を与えて先鋒とし、自らは中軍となり、朝鮮軍を後軍となして碧蹄館に至った。

このことを知った小早川隆景は、立花宗茂▼注20・久留米秀包などを率いて先鋒となり、部隊を整えて李如松の部隊を待った。一月二十六日、立花宗茂軍は闇の中で大明軍と遭遇した。矢が雨のごとく降ってきた。立花宗茂は部下を激励して戦っていると、黒田長政が疾風のように来て救援したので、遂に立花宗茂は帰還することができた。

翌日、李如松は再び攻めてきた。自分が先鋒に立ちたいと倭の諸将が争うと、小早川隆景が、「諸君はそうしないでほしい。今日のことはこの爺に任せてほしい」と言うと、宇喜多秀家はこれに従った。小早川隆景は二万余人の兵士を三つの部隊に分けた。即ち、立花宗茂・久留米秀包・筑紫広門・高橋直次が六千人を率いて先鋒となり、小早川隆景が一万二千人を率いて中軍となり、毛利元康が六千人を率いて後軍となって敵と遭遇した。立花宗茂の部隊は、小さな川を挟んで鉄砲を撃って敵を退散させ、川を渡って敵と交戦した。馬から落ちて捕らえられそうになった久留米秀包は短刀を持って抵抗して死を免れた。筑紫広門と高橋直次とは助け合いながら戦い、監軍の安国寺恵瓊は指揮して力戦し、明軍を撃破した▼注21。

遠くから李如松の旗を見た小早川隆景は、左右の部隊を集めて、明の中軍へと突進した。左軍の栗屋四郎兵衛がしばらく退き、右軍の井上五郎と毛利元康とが来援して、午前十時頃から正午頃まで熱戦した。宇喜多秀家は後軍にいて、崩れて逃げる明軍の首を獲ると、諸将は争って進撃した。李如松の部下の李如栢・李如梅・李寧・李有昇・楊元らも死闘した。李有昇は自ら数人の首を打ち、弾丸に当たって戦死した。李如松は馬から落ちて井上五郎に捕らわれそうになったが、数百人の明軍が救ったので、馬に乗って逃げることができた。戦死した明軍の数は一万余人であった。小早川隆景は歌を歌って凱旋した。李如松は大明の良将であり、小早川隆景は日本の知勇である。中国と日本の二人の英雄が一戦を交えたのは古今になかったことである。

李如松は部隊を収めて開城に退却し、さらに平壌に退いて守ろうとした。丁度、数千人の南兵が引き続いて到着したため、李如松は彼らに頼って動かなかった。倭兵も開城川を渡らず、お互いに永く対峙した。しかし、明軍の数は日々に増え、朝鮮の国民も信じて従ったが、倭軍には後援軍がなく、朝鮮の国民が服従しなかった。よって、秀吉公に援軍を要請した。秀吉公が二万人の兵士を増員して救援させたが、形勢はどうしようもなかった。

小早川隆景は諸将を集め、「敵は日々に安楽になるが、我らは日々に疲れ、兵糧までなくなってきたので、釜山浦に退き、守りながら後日を図るに如かず」と言うと、皆賛同した。倭兵が王城を占領した際、帰順してきた朝鮮人の数は倭兵の数よりも多かった。ある者が、「朝鮮人を誘引して皆殺しにしよう。そうしなければ、我らの計画が漏れ、退路が塞がってしまうだろう」と言った。すると、小早川隆景は、「できない。朝鮮人がいないと、誰が我らの軍需品を運ぶだろうか▼注22。急いで陣営を放火し、煙にまぎれて退却するに如かず。そうすると、彼らは驚き、我が軍の背後を撃つことはできないだろう」と言った。その時、朝鮮の謀臣▼注23が李如松に、「急いで追撃すると、倭賊を殲滅することができます」と告げたが、李如松は聞き入れなかった。

遂に我が軍は釜山浦に至り、明将の沈惟敬が来るのを待って講和を結ぼうとした。秀吉公は、再び晋州城を攻め落とすことを命じた。しかし、諸将は戦争を嫌い、帰国の念を抱いており、病で死亡した兵士の数はとても多かった。既に平壌で敗れ、戦う意欲を失った小西行長は三奉行と図り、和談を成功させて秀吉公に報告すると、秀吉公は大いに喜び、諸軍に撤収を命じた。国民は歓声を上げた。

秀吉公は小早川隆景の功を称え、朝廷に報告して中納言に任命させたが、小早川隆景は老いを理由にこれを辞し、筑前の領地を息子の小早川秀秋に譲って、自らは備後三原に退き、一五九七年に病死した。享年六十二歳だった。小早川隆景の死を悼む秀吉公に、ある者が、「小早川隆景が死んだので、毛利家は力落するでしょう」と言った。力落とは、致命的な被害を受けるという意味である。すると、秀吉公は、「そうではない。国は賢人がいて始めて立つことができる。毛利家が力落するのではなく、日本が力落するのである」と言った。

その後、和議が決裂し、軍隊を再び朝鮮に送った。加藤清正・小西行長・黒田長政が次々進軍して、八軍がすべて海を渡った。しかし、厭戦した倭兵は深く進まず、海辺に築城し、持久戦を図った。諸将が南原城を攻め落とし、蔚山城で敵を退却させた勲功は素晴らしいものである。しかし、秀吉公は虐殺のみを好み、朝鮮を不毛地にさせようとした。よって、朝鮮の国民は従わず、彼を仇のように思った。日本もまた戦争で疲弊し、国民は飢えと寒さに苦しみ、盗賊が勃興した。秀吉公の雄大な能力を以てもどうしようもなく、日々に鬱積して、和議のみを願ったが、遂には、名護屋の陣を離れて京都に戻り、伏見に築城して、そこで暮らした。朝鮮にいた際、小西行長は劉綎の策略によって捕らわれそうになったが、ちょうど、その謀議を告げてくる人がいたので難を免れることができた。これは神明が我が国を守ってくださったのである。秀吉公が一五九八年八月に死ぬと、異国に出ていた部隊は漸く撤収し、我が国を危難から救ったのは幸いなことであった。

秀吉公は治国安民の術を知らず、なんの利益もない軍隊を徴発して、遠く隣国を征伐して、罪のない人々を殺し、兵糧を千里に運ばせて我が民を疲れさせたので、神明に罪を得て死んだ。それより三年も経たないうちに倭国は大いに乱れ、遂に秀頼公は大坂の陣で死んだ。従って、「小を以て大を打つのは災いである」と言ったのである。この私の言葉は妄言ではない。これはわが先生の小早川能久▼注24が誡めた所以である。

注

1▼李俊杰『朝鮮時代における日本との書籍交流の研究』(弘益斎、一九八六)一九四頁。

2▼『和漢三才図会』の朝鮮への流入・流布に関しては、安大会「『倭漢三才図会』と十八・九世紀の朝鮮学問」『倭漢三才図会』（国学資料院、二〇〇二）、同「十八・九世紀における朝鮮の百科全書派と『和漢三才図会』」『大東文化研究』六十九（成均館大学校東アジア学術院、二〇一〇年三月）などを参照。一方、新井白石などの文人・学者の作品の朝鮮への流入・流布に関してはかなりの研究成果があるため、ここでは割愛する。

3▼河宇鳳『朝鮮後期の実学者の日本観研究』（一志社、一九八九年）七十四―八頁。

4▼『星湖僿説』の底本は韓国国立中央図書館蔵（星湖古〇九一―二十九）。『海東繹史』の底本は韓国国立中央図書館蔵（韓古朝五十一―一七四）。

5▼「此先生小早川能久丈之所以為戒也」（『海東繹史』・奎章閣蔵『擇里誌』）。国立中央図書館蔵『星湖僿説』には「此先生」がない。

6▼以上の説明は、石岡久夫著『日本兵法史』上（雄山閣、一九七二年）と『国史大辞典』「甲州流」（石岡久夫筆）による。

7▼太宰府天満宮『福岡藩吉田家伝録』（一九八一年）、筑紫史談会『筑紫史談89』（一九四五年）。以下、香西成資とその軍書については、井上泰至氏のご教示による。

8▼「近有使倭者得倭人文字数篇来」（『星湖僿説』巻十二、39オ）。

9▼壬辰戦争文献の成立事情を考慮すると、『撃朝鮮論』の作者が堀杏庵・林羅山より早い時期に明側の文献を利用した可能性はごく低い。

10▼拙著『異国征伐戦記の世界―韓半島・琉球列島・蝦夷地』（笠間書院、二〇一〇年）一五九頁。

11▼詳しくは、布引敏雄「毛利氏関係戦国軍記の成立事情」『日本史研究』三七三（一九九三年九月）を参照。

12▼書陵部所蔵本（国文学研究資料館所蔵のマイクロフィルム（20―85―1―132）を利用）。

13▼「近有使倭者得倭人文字数編来」。

14▼ただし、公の唱和の場で、日本側が何らかの目的で『撃朝鮮論』を提示した可能性も完全には排除できない。二〇一一年二月九日にソウル大でこの論文を発表した際に、この可能性を提起してくださった盧京姫先生に感謝する。

15▼古四七九〇―五五、一冊。写本。ここには付録として、『撃朝鮮論』を含む『星湖僿説』の一部が転載されている。

16▼奎章閣蔵『擇里誌』に引用されている『撃朝鮮論』にも「此先生」という字句が書かれていることも、このような推論を裏付ける。

17▼因みに、安鼎福《あん・じょんぼく》（一七一二―九一）編『星湖僿説類選』には『撃朝鮮論』の本文が選ばれていない。

18▼王宝平「中国における『吾妻鏡』の流布と影響」、浙江工商大学・日本文化研究所のホームページ（http://www.japanology.cn/japanese/paper/wbp/02%E5%90%BE%E5%A6%BB%E9%8F%A1.htm）を参照した。

19▼『星湖僿説』には「進撃」、『海東繹史』には「尽挙」。

20▼『星湖僿説』・『海東繹史』には「統茂」となっている。

21▼『星湖僿説』には「安国寺恵瓊楊餓鬼旌而進採拂子指揮奮撃破之」、『海東繹史』には「安国寺恵瓊楊餓鬼旌進採拂子指揮奮挙破之」。

22▼『星湖僿説』には「非朝鮮人我輜重無以運矣」、『海東繹史』には「非朝鮮人我経重無以還矣」。

23▼柳成竜。

24▼「此先生小早川能久丈之所以爲戒也」（『海東繹史』）。

▼対談

本書のテーマは何か

井上泰至
金　時徳

1　戦争物語の悪役

井上■この本のテーマ、あるいは意図するところを対談形式で明らかにしたいと思います。本書は、三つの時間軸から考えるとテーマがはっきりしてくると思います。

▶井上泰至

第一に、文禄・慶長の役＝壬辰戦争は、古代を除いて東アジア最初の国際戦争（明・朝鮮対日本）として、その後のこの地域に大きな爪痕を残しました。第二の時間軸は、この戦争について日本と朝鮮で言説が積み重ねられた江戸から明治時代。最後は、一九四五年以降今日にいたる現代にこれらの言説を読む意味の、以上三つの視角です。あまり杓子定規に時代順を追うことはせず、これらの時間軸を意識しながらフリー・トークをしていきましょう。

まずは秀吉の話から始めようと思います。つまり日本側で持っている豊臣秀吉のイメージと、韓国側で一般に持っているイメージがどう違うか、というようなことを切り口にして、本書が抱える問題意識をあぶりだしていって、最終的にはこの本を読んで、過去の東アジアの歴史を整理して理解することで、今の東アジアを見るときにどういう視点が浮かんでくるのかということが出てくればいいなと思っています。

編集■秀吉は韓国で有名なんですか？　そもそも。

金■まあ、悪名高いですね。伊藤博文とで悪人の代表イメージみたいな。外国の侵略者であるだけじゃなくて、道徳的な判断をもくだされている。

編集■なるほど。それは例えば子どものころから教科書で結構叩き込まれる感じですか。そこまでではないですか。

金■むしろ教科書のほうはある程度控えめです。かつて行われていた、この戦争に対するあまりにも強い民族主義的な解釈への反省があって、最近はかなり客観的になっているんですが、むしろその外側ですかね。

編集■外側というのは。

金■一般のメディアです。壬辰戦争は朝鮮側が勝利した戦いだったとかいう、刺激的なタイトルを付けた本が、出てくることがあるんですよ。

井上■それは小説レベルでもあるの？　現代でも。

金■現代でもありますね。

井上■秀吉を、もちろん主役にはならないでしょうが、敵役にするような。

金■善に対する悪役として描かれますね。ただ実際には秀吉は直接朝鮮に来ていない。加藤清正と小西行長が来たわけなんです。その辺の区別がちょっと曖昧ですね。

井上■あの戦争はどう言い訳したって侵略戦争なんですけれども、侵略された側の被害者としての感情というのを集約して物語にするときに、やっぱり加藤清正ではなくて、秀吉が中心になるというふうに考えればいいわけですね。

金■基本的にはそうですね、象徴として。それはただ、具体的な作品のレベルにいくと、例えば朝鮮時代の『壬辰録』という、膨大な数の異本を持つ小説があるんですが、秀吉が悪役になったり、加藤だったり。たまには小西行長がそれになったり。芥川龍之介の『金将軍』は小西行長なんですね。なんですけど、基本は加藤清正とか秀吉ですね。

編集■日本で、そのような扱われ方をする外国人っていますかね。

井上■日本の場合には、そこまでとことんやられていない。それに例えばペリーを悪役にするとか、できないわけですよね。太平洋戦争に勝っていたらペリーは悪役になっていたかもしれない。ですけれども、そうじゃない以上、アメリカを悪役にはまずできない。モンゴルの元寇の世界か、あるいは今ドラマでやっている『坂の上の雲』のロシアであって、中国や朝鮮半島の人たちの中からその相手を選ぶということは、まあ歴史上も根拠がないでしょうけれども、ないですよね。

▶金時徳

編集■ないですね。

井上■可能性があったのはペリーとマッカーサーですよ（笑）。だってマッカーサーが来て天皇と一緒に写真を撮るわけですよね。あれはやっぱりその当時ものすごいショックがあったはずで、つい数ヶ月前まで鬼畜米英とか言い合っていたトップ同士がですよ、仲良く並んで写真を撮っているわけですから。

あれは戦った軍人さんからすると、えらい裏切られたという気持ちでしょう。あれを見て共産党に入った軍人達がけっこういたわけなんですね。

金■そうなんですか。

井上■ええ。ですから、日本の場合には敵役を作りにくい状況というのが、現実の中にあると考えるほうが分かりやすい。

金■ちょっとこの辺で補足をしますと、補足というか、多くの日本人が見落としているかもしれないところなんですけれど、安倍貞任（あべのさだとう）と安倍宗任（あべのむねとう）もかつては「異国の悪人」なんですからね、蝦夷ということで。今となっては二人も日本人なんですけれど。

　ともかく、彼らは日本の歴史上ずっと、異国の悪役的な存在となっている面もあるかなと私は思うんですけどね。

井上■近代になって、今日も続く日本の国の領域がかたまっていった段階ではそういう言説というのは急速に弱くなっていくんですけれど、武士の政権下、源氏の子孫たちがずっと栄えていくという歴史を語るときには結局、征夷大将軍として、東側の世界を武士の棟梁たちが「退治」していったという物語・神話というのはものすごく大きいです。

　この関東近辺でも「八幡」という地名は山ほどあるし、「白旗」とか、鳩に関わる伝説とか、みんな結局は蝦夷征伐の源氏の棟梁のイメージを背負っていますから、武士が源氏の血統を受け継いで治めている、という時代には、たしかに大きかったでしょうね。

2　戦争の時代と語られた時代

井上■秀吉の話に戻ると、一般的な今の秀吉のイメージという点では、吉川英治の『新書太閤記』というのが大きくて、ところがこれは昭和14年に読売新聞で連載が始まっているんですよ。つまり時局の最中なんです、あれは。だから今読むとちょっと恥ずかしいぐらいの皇国史観が『新書太閤記』の中にはいっぱい見い出せるんです。そして、昭和20年の8月23日で中断して、それ以降筆を折っている。吉川英治という人は日本の海軍の戦史の編纂にも携わっていた人ですから。彼の構想としては、文禄・慶長の役を書く予定だったんでしょう。ところが戦争に負けて書けなくなっちゃった。昭和24年頃から菊池寛に勧められるんだけれど、もうとてもこの戦争の問題は戦後書けないから結局、尻切れトンボの、徳川家康と手打ちをするようなところの辺りを、ちょっと書き継いだだけで終わりにして単行本化しているんです。

つまり文禄・慶長の役を吉川英治は書けなかった。結局この戦争を扱うということは、一般の文学であってもそのときの政治の問題、とくに東アジアにおける対外的な日本の政治の問題というのが必ず関わってくるんです。

編集■今回の本の10章に登場する村井弦斎、これも戦時中の連載小説を書いています。例えば韓国でも戦時中に、時局とのつながりで描かれたものってあるんですか。

井上■朝鮮戦争中はそんな余裕ないでしょ。中が戦場になっているから。

金■そうなんです。だから韓国では、日本に比べると小説が売れない。現実があまりにドラマチックなんで、芸術が生まれる余地が相対的に少ないんじゃないかと思ったりします。

例えば韓国（朝鮮）戦争なんかもそうなんですけれど、意外と文学はないんですよね。80年代に離散家族の再会という全国的な運動がありました。そのテレビ中継を見てしまったら、それをテーマに小説を作ったって面白くないんですよ。ドキュメンタリーとして見ているだけで、十分感動的ですから。そういった面では、日本のように現代を意識して過去の戦争を文学で描くという感覚は、ちょっとないですね。少なくとも近代、現代においては。

井上■さっきの吉川英治の話に戻ると、昭和24年にもう一回書き出すんですよ、『新書太閤記』を。それはやっぱりタイミングとしてよく分かるんです。中華人民共和国の成立の時期なんですね。つまり、アメリカの思い通りに中国がならないことがはっきり分かってきて、日本を一旦は非軍事化しようとしたけれど、もう一回砦にしようというふうに考え出す、つまりレッドパージに動き出す。急にGHQの本の検閲の仕方も変わってくるんです。そのタイミングともうピッタリ符合が合ってくる。

こういう変化もあって、書いていいんだなと吉川英治が思い出したということではないかと思うんですよ。やっぱりこのテーマはそれぐらい今でも生々しい。

例えば、吉川英治の後に現れた日本の代表的な歴史小説の作家というと司馬遼太郎ですけれども、彼も文禄・慶長の役は書けないわけです。秀吉を主人公にしても、その部分は書けない。で、わずかに触れているのは『関ヶ原』という小説の中で、朝鮮から帰った武将たちの仲間割れの物語として捉え、豊臣政権というのは朝鮮でああいう滅茶苦茶なことをしたから、もう民からも飽きられ、内部でも分裂していたんだという形で、物語を終えるわけです。じつは関ヶ原の一番根本的な背景には朝鮮の戦役があるんだという結論を書くわけですね。

編集■直接今の戦争を描かず、過去の戦争になぞらえる、というのは、どういうことなんでしょう。

井上■戦争の情報というのはですね、やっぱり秘密にしないといけないわけなんですよ。戦争の情報がみんなに分かっちゃったら、戦争にならないわけですよね。孫子の一行目に「兵は詭道なり」という言葉があって、要するに手の内を隠せといっているわけですね。ですからモラルじゃなくて騙し合いなんですよ。それに戦争の解釈は政治体制に直結する。そこで、直接戦争の情報について規制がかかってくることになる。

一方で、日清戦争の時期なんかそうですけれども、一種の民主国家という形をとっていますから世論を沸き立たせなければいけないわけです。ところが、実際の戦争の情報は、軍隊は表には出さない。新聞は困るんですよ、そういう時には。そこでこの文禄・慶長の役などはものすごく使いやすいネタとなるわけです。

金■弦斎の「朝鮮征伐」ですね。

井上■ええ。日本がうったえる日清戦争の正義の部分を、そういう過去の戦争の物語の中で描いてみたりするということは、一般読者を引っ張っていくうえでも非常に重要な手立てです。

金■こういう、寓意というんですかね、まあ寓言とか寓意とか江戸時代は言うわけですけれども、そのやり方というのは近代の文脈で意味は変わりますけれど、基本的に変わりない。過去の歴史を借りて今の歴史を語っていくというやり方ですね。もちろんそれは伝統的には東アジアにあるわけです。あるわけですけれども、もっと生々しい点で言うと戦争の情報というのは表に出ないほうがいいと。だから過去の戦争の歴史で語る。そういうやり方というのは当然出てくるんですよね。

編集■韓国でもそういった捉え方で語られた事象は今まで何かあったんでしょうか。

金■植民地時代の人で無政府主義者、アナーキストの申采浩（シンチェホ）という人がいたんですけれども、彼が乙支文徳（ウルジムンドク）という、高句麗の偉い将軍について小説を書きました。高句麗が、日本になぞらえられた隋軍と戦って勝利したという話です。それが日本側の総督府に絶版にされているんですね。ともかくそれは先ほどの例と似たような暗示的な方法だと思われるんです。

編集■なるほど。

金■江戸時代後期の蝦夷なんかもそうでして、今日ここに来る前に、国会図書館で『北海異談』という写本を読んでいたんですけれど、これは奥羽諸藩連合水軍とロシア水軍とが戦うんだという仮想の歴史なんです。それを流布させようとして筆者は処刑になりました。

井上■それぐらいロシアの問題というのは江戸後期には、幕府としてはデリケートな問題だった。

金■それで、その代わりに出るのが、源義経が北海道など、いわゆる蝦夷地へ渡り、悪い蝦夷やモンゴルと戦うんだという。本当はロシアのことが言いたかったんですよね。馬琴も蝦夷地のことは書き残していますが、作品化はしていない。

井上■馬琴はそういうところをよく分かっていて、またある意味で本人も気の小さい人だったということもあるんでしょうけれど、政治的な言説はデリケートに考えていた人ですね。その辺りのことは佐藤悟さんもはっきり書かれています。ともかく過去の戦争になぞらえるやり方は方法として、江戸にも近代にも共通してあったわけです。

金■これって、でも日本独特の現象ではなくて、東アジアでは共通してあったことですよ。

前近代に。意外と日本の場合はゆるいほうですね、じつは。

井上■それはそうでしょう。恐らく韓国や中国ではもっと縛りが厳しい。中国の場合は、今もそうでしょう。

金■中国の清でも、壬辰戦争を小説にした例はほとんどなかったし、朝鮮時代の後期、とくに、壬辰戦争以降はとくに社会が急激に保守化していくんです。18世紀になると、こういうことを小説にするなんて、もともと儒学の社会ですからなかったんですけれど、できない国になってしまって、結果、この戦争を扱った小説の数は、日本より清の方に近いのではないでしょうかね。

3 日本と朝鮮における書物の位置づけの違い

編集■今のを受けて、どう思われますか。

井上■これはもっと大きな問題です。

つまり書物の位置づけ、書物のあり方というのが結局、韓国と日本では違うということです。それは韓国と日本の社会のあり方の違いでもあると思うんですけれども。日本の場合には写本の文化が残りつつ版本が広がっていって、商業出版になっていくわけですよね。で、さっき軍事情報は基本的に表に出ないと言ったけれども、出方から見るとはるかに韓国や中国のほうがきっちりと押さえていて、日本は比較的自由に出している、という印象です。その緩さというのは一体なんなんだというのは大問題なんだと思うんです。

また、文禄・慶長の役の軍記に関しては、第9章にも書いたように、秀吉の外征は無謀だとしながらも、その「武威」を輝かした面は大いに評価する。江戸時代の日本は中国・朝鮮とは異なって武士の支配という一種の軍事政権ですから、平和な時代に武士のアイデンティティーを確認し、祖先の勲功を書き留め顕彰する意義は大いにあったわけです。

編集■韓国と中国というのは、そんなに何かを出版するというのは大変だったんでしょうか。

金■本の力に対する意識が違うんですね。日本の武士たちは刀がありますからね。本への見方が軽かったかもしれない。韓国・中国は文人官僚の国だから本の持つ意味が重いので、これは危ないんです。

　日本の近世文学研究でも、例えば実録体小説と絵本読本との間の狭間というのが最近話題になっているんですが、韓国の場合も写本と版本の間、版本と言っても商業出版ではなくて、国が作ったり、文人のお弟子さんや後裔たちが作るんですけれど、その差というのがものすごいんです。写本で残っているのが見つかると、ギャップが大きすぎて面白い研究テーマになるんですけれど、内容的には当時としては危なかったりもするんですね。

編集■アングラのテーマが写本で書かれて、オフィシャルなものが版本で出るというイメージでしょうか。

井上■そう簡単には割り切れない。日本もね、さっきの『北海異談』みたいなものは写本でしか流通しえなかったわけですよ。ヤバイ本はね。ですが日本の場合には写本のほうにむしろオーソドックスな文化がずっと残っていて、版本で書かれたものというのは世間に広がっているけれども、あれはいい加減なものだという意識が少なくとも御上にはあるわけです、基本として。「本朝通鑑」や「大日本史」のような正史に近いものは刊行されません。やっぱり写本で伝わっているもののほうが体制側からすれば、由緒正しいものであって情報を管理しているんですね。

　また、武士ならば、「家」の記録、戦争の覚書を子孫に申し送ってゆく。で、第9章でも書いたように、版本で出ているものというのは、これは武士の記録であっても自分たちのためにあるものばかりではないし、一般への宣伝の意味や娯楽読み物の意識もあったわけです。出版されている本に対する位置づけは、あくまで比較の問題ですが、日本のほうが商業出版で大衆的な部分に傾いていて、韓国の場合には出版されたものこそがきちんと管理された本。本というものに対しての社会の見方という位置づけが違う。日本のほうが娯楽性が強いんです。

金■そうですね。まあ商業出版が発達したのは……、

井上■娯楽性が強いんですよ。出版規制にしても、今で言えば警察がとことん取り締らないである程度は見逃している、というのに近い感覚です。もともとの日本の民衆に対する管理のあり方そのものが直接統治ではなくて、自分たちで管理しないで町の名主、役人を選んでその人に管理させるっていうやり方ですね。出版の統制で言えば、皇太子殿下が結婚するかしない時、雅子様が相手だっていうのはみんな分かっていたことだけれども、宮内庁が報道管制を敷いて、一切フライングさせないようにしたっていう、あのやり方にものすごく近い。

編集■記者クラブですか。

井上■そういうこと。それが江戸時代でいう、本屋仲間ですよ。

金■でも上のほうは、だいたい似ていると思うんですね、三国って。異なったのは中間層。

井上■そうそう。中間層が多いんですよ、おそらく日本のほうが。江戸の終わりになると、武士なのに町人に降りる、町人なのに成り上がって武士になる人たちが出てくるように、真ん中が多くなる印象があります。農商から自学自習する階層や、女性の読書階級が、江戸後期になると出てくる。このあたりがやっぱり本が売れる大きな原因ではないでしょうか。

　それに比べて韓国でも中国でも、上は強い権力を持っているけれども、真ん中があんまり育たない印象があります。それがやっぱり出版のあり方にも影響を与えているんだと思うんですよね。本書で言えば、7章8章の実録や絵本読本では、娯楽化がかなり進んでいます。

4　ステレオタイプの怖さ

編集■ちょっと立ち戻って、金さんが本書のよ

うなテーマに興味を持ったそもそもの理由というか、その辺も私はじつはちゃんと聞いてなかったから、この際聞いておきたいなと思うのですが。

金■そうですね。私はじつは、人間はどうして誤解するのかという点に興味があるんです。それと、中心よりは周辺・辺境。恐らく衝突地点に興味があるんです。両方がうまく混ざり合ってテーマとなっています。

編集■その誤解、そこに引かれたポイントがあったと思うんですよ。その最大のポイントはどこですか。

金■合わせて申し上げますと、韓国では普通に言われることなんですけど、日本の偉人は韓国では悪人だと。特に伊藤博文と秀吉です。あまりにも近い国で、どうしてこんなに認識のギャップが大きいんだろうかというような問題意識がずっとあったんですね。普通の人は、日本が侵略国家だからだとステレオタイプ化してしまうんです。そうしてしまうと理解はしやすいんです。教えやすいし。しかしそれではイメージが繰り返され定着し続ける。日本も敗戦後から韓国(朝鮮)戦争までを見ただけでも、ものすごい大きな変化があったじゃないですか、今と。それを全く無視してしまっている。

井上■戦争の場合、今言ったような誤解というか、ステレオタイプがものすごく便利なんですよね。つまり、敵を分かりやすく説明するときには、そういうステレオタイプ、つまりいくつか分かりやすい悪のイメージをくっつけていって教えていくということは、本気で戦う気になったときには必ず行われることです。

ジョン・ダワーという、日本研究でアメリカでは権威の一人と言われている人が、『容赦なき戦争』で書いていますがアメリカ側と日本側が太平洋戦争のときに、どういうふうにお互いそういうステレオタイプ像を作り合ったかという研究なわけですね。なぜあそこまで容赦なく原爆を落としたのか、あるいは東京大空襲をやったのかということを突き詰めていくと、もちろん差別意識もあるんだけれども、そういうステレオタイプを植え付けていった面もある、と。卵が先か鶏が先かという問題にもなるんですけれども、そういうステレオタイプを作っているから戦争になりやすいという面もあるでしよう。

逆に、戦争を決意し始めてからそういうステレオタイプを作るという面もある。この本の8章と10章でも炙り出しているように、江戸時代に作られていった加藤清正像や朝鮮側のイメージは、19世紀の大陸進出には利用された。

金■これは、ある特定地域とか特定事件の問題ではなくて、いわゆる人類の本来的な問題なんですね。『旧約聖書』を読んでいると、イスラエル民族に対して、神様のヤハウェが、周りの部族のことは知ってはいけないと警告しているのが度々目に付きます。知っていると理解し合ってしまうんですね。

井上■つまり他者を、自分と同じ人間と見るからですよ。同じ人間とできるだけ見ないようにしていけばいいわけで。

金■論語にも「異端は深く知ると危ない」（攻乎異端、斯害也已）とあるじゃないですか。それもそういう意味なんだと思います。深く踏み入ってしまうと、もとのように内部の団結とか、外に対する勢力膨張とか、色んなものができなくなるんですね。それなので「わざと」誤解するんですね。自分で意識しながら、だと思います。

井上■私もステレオタイプの問題を取り扱うときには、母の時代のことを思いだします。子供時代母親は満州で育って、祖父は満鉄の秘書課だったわけですね。ですからこれはもう一番中国への侵略の中枢のところにいたグループですよ。で、母は満州国時代を懐かしく思っていて、二〇三高地が遠足の場所で、中国人に背中を押してもらっていたりしたんですね。朝鮮半島にも遠足でよく温泉に、今の北の羅津に行っていた。しかも祖父母は鹿児島の上流武家出身ですからね、沖縄に対する見方にはものすごく差別的なものがあったわけですよ。そういう母親を見ていて、一方で我々は戦後の教育を受けて、それを相対化するわけですよね。あれは一体なんだったんだろう、ということをある意味で確認する作業ですよね。なんであんなに差別的だったんだろう。なんでああいう見方をしてきたんだろうということが、この本で取り扱われている問題を見てくるとそのルーツがはっきり見えてくる。自分たちの心の中にも忍び込むかもしれない、そういうステレオタイプというものをある意味で客観化するという。そういう面というのは日本人からすると確かにあるんですよね。

金■ひと昔前の日本に来た韓国人留学生たちもそうだったんです。韓国のことを批判されたりすると、自分への批判と受け取ってしまうんです。それで留学生たちが反発したという例はとても多く聞いています。

編集■なるほど。

金■自分と、民族と、国とを区別するのが難しくなってしまう。

5 今、韓国から文禄・慶長の役の物語を研究する意味

井上■現在は、北プラス中国の脅威のほうがあるので、韓国では今は反日はあまり表に出にくいでしょうね。

金■そうです。それと、やっぱり歴史の記憶が蘇ったんですね。日本は海に隔たれているのでたまに来るんですけれど、中国はしょっちゅう来ていましたから。中国で何か事件が起こると、必ず韓国に来て色んなことをやっていました。その記憶が最近、つい二、三年で蘇りました。

　朝鮮時代の文学の研究者たちと話しているんですけれども、中国との国交が結ばれて、それで、伝統時代の韓国文学をやるためには中国のことをもちろん知らなければならない。でもそれを、無批判にやってしまった面が確かにあったということを聞いています。中国にはあまり頻繁には行かないほうがいいとか、おっしゃっ

ている先生すらいます。

井上■韓国で日本のことが直近に強烈なインパクトがあったとしても、長い目で見れば中国でしょう。

　今あれだけ中国に自信が出てくると、やっぱりそちらの過去の記憶の方が浮かんできますよ。今の話は、この本に最後つながるんですけれど、秀吉の戦争というのは明らかに侵略なんですよ。侵略なんですけれども、日本が東アジアの中で中国とどう向かい合っていくかということを考えるときに、ふまえておくべき重要な問題だと思うんです。

金■今の時点では、日本は脅威ではなくなったんです。アメリカの傘の下では平等ですから(笑)。アメリカと中国がしのぎを削っていて。これは韓国では最近見逃されているんですけれど、本当の東アジア、韓国を取り囲む構図はアメリカと中国との関係が基本で、日本と中国と、ではない。

井上■そうでしょうね。

編集■現在はそうですよね。

金■そうですよ。とくに韓国の日本研究者たちがそれを見逃している傾向がある。自分たちが日本のことを勉強しているので、それを誇大評価する傾向がちょっとある。

井上■それはどこの外国研究者もあることですね。自分がやっていることは大切ではないと言うのは難しいですよ。

編集■ポジショントークにどうしてもなってしまうところはありますよね。どの分野においても。

金■韓国の軍事学の研究者と話していて、こういう面で意見が一致したんです。要は日本じゃなくてアメリカなんだと。アメリカと中国なんだと。それを見逃している韓国人が多い。それはひと昔前に形成された日本に対するステレオタイプ的な敵対感があって、それから脱出し切れなかったということです。

井上■金さんがこういう本を書き出すということと自体が、韓国の側の日本に対する見方に一石を投じる意味もあるわけですよね。もちろん侵略は侵略なんです。ですけれども、それを冷静に取り扱う時代になってきた。この「冷静」と言う言葉も意見が分かれるでしょうが。

金■微妙ですよね。

井上■韓国の側からそういう研究者が現れるということがものすごく大事で、日本側からいくら言ってもそれは説得力がない。

金■しかもそれが防衛大学校の人と（笑）。

井上■それはまた置いておいてね（笑）。

6 垂直思考——東アジア的価値観

井上■本書で提示しようとするメッセージのひとつは、秀吉の戦争を追っかけていけば、もちろん日本と韓国の軋轢の歴史が浮かび上がってくるんですけれども、もっと広く言うと東アジアの国が、お互い三〇〇年、四〇〇年のスパンでどう向き合ってきたのかを考える訓練になるんだ、ということなんです。歴史の前例を使った、今の世の中への解釈、練習問題をやるというんですか。そういうことができるテーマだと思います。

例えば今、金さんからは、日本・韓国・中国・アメリカの間で、水平か垂直かという問題が出たわけですよね。東アジアの世界というのは伝統的に垂直志向で、上下を考える。つまり、第9章でも明治維新前後にこの戦争を「征伐」という言葉で理念化してゆくことを指摘しておきましたが、明らかに正義の側が上位で「大」で強くて、そういう上下の価値観がものすごく強いわけですよね。この点は日本や東洋の研究者よりもむしろ欧米の研究者のほうが敏感で、向こうのほうがフラットな面があるからでしょう。地中海時代から伝統的に、国際社会というのを作っていますから。そのモデルからすると、東アジア的な世界というのは、座席の高い位置と低い位置の、どこにすわるかという席順がものすごく大事な社会だと見えるわけですよね。

金■もともとヨーロッパもそうだったんですけれども、ナポレオン戦争以降のウェストファリ

ア条約から新しくこういう平等、国同士の絶対の平等という概念が初めて作られたんですね。

井上■他方、「征伐」という垂直思考の言葉が韓国側では常に問題になるんでしょう。しかし秀吉の戦争の位置づけとしては、日本側から見れば旧来の中国の朝貢体制から完全に決別した、と言える。これがやっぱり大きいわけです。つまり、中国から見た上下関係の枠の中から完全に飛び出ちゃって、まあ朝鮮半島を舞台にして、これは大変迷惑をかけたわけだけど、直接にやりあったのはむしろ韓国よりも主に中国と戦争しているわけです。

　ですから、そのことの意味というのは長い東アジアの歴史の中で、いいか悪いかは別にして、ものすごく画期的なことなわけですよ。

金■でもある意味ではこれは伝統的に繰り返されていることです。中国周辺の諸民族と中国の間の覇権競争でもある。私はそう見ています。これはある意味日本においては、歴史の新しい一面、新しい時代を無事に迎えたことなんですけれど、前近代の東アジアの歴史から見るとこれは繰り返されたパターンです。諸民族、周辺民族が自覚、自尊意識を持ち始めて、それで対抗して、中国との関係を覆そうとして、それが失敗する場合もあるし成功する場合もある。日本の場合は失敗をしたんだけど、ある程度決別はできたと思います。

井上■少なくとも近代以降、太平洋戦争に負けるまでは、日本の文明開化を前提に、それによって東アジア全体を近代化するのか、開放するのか、侵略するのか、表現は三通りくらいあるんでしょうけど、その前例だというように、秀吉の戦争は考えられてきたということですよね。それはさっき言った『新書太閤記』のところまでずっと変わっていない形です、結局。

金■加藤清正がオランカイで戦ったことが旧満州への侵略に、どうも前例として利用されたり、それから台湾とかフィリピンに秀吉が手紙を送ったじゃないですか。降伏しろと。それが南方進出の際に利用されたり。

井上■本来は垂直思考なんですよ。ところがさっき金さんも言った通り、強大な中国の枠内か、今みたいにそれと対抗するか、ということになると、意外にその他の国はフラットになったりするわけですね。

金■そうならざるをえないですね。

井上■日清戦争というのはそういう意味で、中国の覇権が完全に弱まって、朝鮮半島からもその影響力をなくした大きな戦争だったのですが、逆に長い東アジアの歴史を見れば、中国が一番大きな国で、周りを取り巻いているというのは三千年の歴史の中ではごく当たり前の意識で、日清戦争以降今までが異常だったんだと見たほうがいいと思う。

つまり、歴史のスケールをこの一五〇年ぐらいのスパンで見ていると、中国の台頭が脅威に見えるけれども、二〇〇〇年、四〇〇〇年のスパンで見たら、もっとそれは自由に考えられるでしょう。

7 この戦争が書き継がれた理由

編集■このテーマが長くずっと書き継がれた理由もあるわけですよね。それは何なんでしょうか。

井上■主役の子孫が残っていないということが日本の場合まず大きい。秀吉の子孫はすぐ滅びた。清正も二代目で家が潰れて、息子の忠広というのは出羽に流されるんですけれども。日本の場合は子孫が残っていると、やはり書きにくいわけですよ。いなくなったということで、割と自由に書けるようになった面があります。

金■家康がこの戦争に、少なくとも直接的には参加しなかったというのもありますよね。名護屋どまりで。だから色んな面で都合がよかった。

井上■徳川政権としては朝鮮半島と交渉するときには秀吉とは違うんだということで、朝鮮通信使に代表される関係ができあがってくるわけですよね。一方で、日本の国内で出ている文禄・慶長の役についての軍書の中では、結局は日本の武威を海外に知らしめたという考え方もあるわけです。ただし、それは海外の目を意識しているというより、自分たちが武士の政権で、平和な時代になるほど武士の政権というのはアイデンティティーが怪しくなるわけですよ。しかし、武士としての緊張感は保ちたい。

軍事の力というのは、平和な時代、消火器みたいなもので、消火器というのはホコリをかぶっているのがいいのかも知れませんが、しかしいざというときに使えなかったらアウトなわけです。第3章でも書いたように、平和な時代に武士のモチベーションを保たせるというのは難しくて、そのために軍書は量産された。また、もう武士として功績が残せないことがわかっていると、過去の功績を確定し、場合によっては捏造までして家の格を飾りたてる必要もでてきた。

本書で取り上げた宇佐美定祐なんかその典型です。極端に言えば鎌倉幕府の成立から一九四五まで日本は軍事色の濃い政権なんですよ。それは中国や韓国と比べると一番よく分かります。向こうは官僚の国ですから。これは『海游録』という朝鮮通信使の記録にも書かれています。それを読むと、儒教を取り入れつつも、日本は実際は武士の国だと言っています。

金■逆に、荻生徂徠の『論語徴』をも視野に入れて、丁若鏞（ジョンヤキョン）という、朝鮮後期の有名な学者が『論語古今注』という論語の注釈集成を作ったんですけど、彼は、こういう素晴らしい儒学書を日本人が作ったんだから、もう日本からの侵略の恐れはないと言っているんです。因みに、後になって、この見解は訂正されますけどね。

井上■そう、だから朝鮮は本質的に文の国だったんですよ。

　日本側では、軍書が、武士の政権の武威を、自分たちのルーツは何なんだということを思い出させるための教材、あるいは平和な時代の武士の教材となっていた。平和な時代の武士というのは存在自体曖昧で、戦国時代のような下剋上的パワーはかえって困る。そこで、親分の命令を忠実に聞く忠義者がヒーローになる。加藤清正像はそういうふうに広がっていくんですね。高橋圭一さんが実録の研究をされていますが、そこで紹介されているのは、清正というのは語りとしてつまらない。忠義一途だと。今でも講談師が言うんだそうです。つまり改革するリーダーではなくて、忠義者のリーダー。

　だから逆に言うと、司馬遼太郎の『関ヶ原』なんかは、もう加藤清正は一番だめなわけですよね。清正は忠義一途だから、あれは一種の単純馬鹿で家康からも利用される存在として書かれていて、むしろ商才のある石田三成を、これが秀吉の後継者でもあるし頭のいい人間だったんだと。これは結局60年代以降、日本が商売の国になったということと完全にくっついている。ビジネスマンが読む本だから、三成や、あるいは龍馬のような商売をする武士を、主役にする。

　つまり、ヒーロー像とは、その時代のメインストリームが何かということを非常によく表しているんです。長く読み継がれた理由の中には、そういうものも見え隠れしているわけですね。それだけ役者が揃っているという一面もある。だから残っているということが出来る。

金■壬辰戦争の話で文献を読むというのは、江戸時代の集団意識を読むということでもあるんですよね。しかも、日本は島国で文化的にも孤立しているので、歴史の実験室になっているんですね。ひとつの影響が入ってくると、その影響がどう拡散していくか、はっきり見えてくる。私はそういう面から研究しているわけなんです。そういう面ではありがたい。そういうテーマでもありますね。

8 絵本の意義

井上■本のあり方に戻るんですが、絵本は韓国の場合どうですか。

金■絵本が作られるのは、とくに朝鮮時代後期は、民を教化するための教訓書として。それから兵学書、医学書。それと仏教書。

井上■兵学や医学は、民には縁遠いわけですよね。

金■中間階級にはもちろん必要ですよね。

井上■やはり絵を入れるということは分かりやすさですよね。基本的に。

金■兵学書は軍人たちが字が読めない場合がありますから。それもあります。

井上■ということは、写本じゃなくて版本ですね。

金■版本です。

井上■絵の位置付けというのは、日本のほうが大きい印象があるんです。

金■そうです。前近代の東アジアの中で一番絵の重みがあったのは日本じゃないですかね、とくに近世に限って言えば。だから、18世紀後半になると、浮世絵とか挿絵とか、日本独自の繊細感も出てきます。

井上■日本の場合、絵本が拡がる前提として19世紀に、中間層が増えているらしいのが大きいのでは。鈴木俊幸さんによれば、自己啓発書、つまり自分が本を読んで学習して、隣の人も同じ本を読んでいて、学校には行かないけれども本を読んで学習するという層が増えてくるという。『恋愛小説の誕生』(笠間書院)にも書きましたけれど、ロシア人なんかが明治にやってくると、上下の差がある国の人間の感覚では、女の人が恋愛小説を読んでいるというのは信じられない、という印象を抱く。それぐらい日本は中間層がいるわけですよね。ロシア人はその女性を、お仕事のお手伝いをするセクレタリーであると同時にお妾さんだったかもしれないと書いていますけれどもね。そういう層にリテラシーが広がっていくということは当然、絵も広がっていくし、分かりやすく情報を一冊でまとめて欲しいという要求が出てくるわけです。つまり空間的には名所記、歴史ではこの絵本読本で、時間と空間をそれぞれ絵本でパッケージにして受け取りたいという要求がでてくる。草の根のナショナリズムも19世紀には拡がりますが、これともつながりがあると思います。8章で取り上げた絵本読本はそういう位置づけができます。

金■娯楽性のことで申し上げますと、図会ものというのは絵が中心なんですね。それが魅力のひとつだと思うんですが、それが早くも岡田玉山によって『絵本太閤記』として結実するんですね。それ以前の絵本読本とか、それまでの朝鮮軍記物には見られなかったような活写された図がある。

岡田玉山の存在が大きいと思うのは、『絵本朝鮮軍記』と比べてもこういう繊細な絵はなかったということです。『絵本太閤記』六編の奥書に岡田玉山が色々書いているんです。自分は絵を描いていて不満があったと。それは何かというと、中国人の描き方と韓国人の描き方が自分の中で見分けがつかなくて、困っていた。それでなんとかして朝鮮の人たちの絵が見たかった。それで、長崎を通して朝鮮の絵(民画)を二点入手したと言ってるんですね。

井上■第8章でも紹介しているんですが、確かにちゃんと行列をきれいに描き上げているんですよね。最初のシーンで、朝鮮の使節がやってくるところ。あれは絶対にいい粉本があったはずだと思います。朝鮮通信使の行列などを描いたものでしょう。

金■朝鮮通信使の絵は『来聘記』やら『行列記』やら色々ありましたので、それはもちろんあったんです。

それとは別に私が注目したいのは、どうして今までは漠然と異国だったのに清と朝鮮を区別しなければいけなくなったのかということです。その必要性をどうして感じたのか。そこからいわゆる19世紀的な、異国は漠然とじゃなくて、具体的に存在して、その一つ一つを認識する必要があるんだということが伝わる。それをしかも豪華な絵で庶民向けで。それがおっしゃったような中間階級の拡大を感じさせるし、日本の中のパワーの膨張も感じることができるんです。中間階級の力の増大というのが感じられます。

9　秀吉——活力ある町大阪の英雄

井上■そういう新しい読者向けの出版物がたいてい大坂から生まれてくるんですよ。

金■『絵本太閤記』も大坂ですからね。

井上■もちろん秀吉が大坂の町の創設者だというのもあるんですけれど、新しい本づくりの発信源がだいたい大坂からなんですよ。この『絵本太閤記』もそうです。濱田啓介先生は幕末になると大坂の本屋がもっと商売をしていることも論文に書かれていますけれども、だいたい実利的で今までの文化伝統をぶった切ってでも、売れる本を企画として出してくるのは大坂なんですね。

金■そういう進化した需要が、大坂で生じたというのもあると思います。

井上■福沢諭吉もそうですよね。大坂はお米を売ってお金に換える場所ですから、武士でも数値の計算のできる、勘定方の一番優秀な奴が、みんな大坂に集まるわけです。福沢はその息子

郵便はがき

料金受取人払郵便

神田支店
承認

3455

差出有効期間
平成25年2月
6日まで

101-8791

504

東京都千代田区猿楽町2-2-3

笠間書院 行

■ 注文書 ■

◎お近くに書店がない場合はこのハガキをご利用下さい。送料380円にてお送りいたします。

書名　　　　　　　　　　冊数

書名　　　　　　　　　　冊数

書名　　　　　　　　　　冊数

お名前

ご住所 〒

お電話

ご愛読ありがとうございます

これからのより良い本作りのために役立たせていただきたいと思います。
ご感想・ご希望などお聞かせ下さい。

この本の書名＿＿＿＿＿＿＿＿＿＿＿＿＿＿＿＿＿＿＿＿＿＿

本読者はがきでいただいたご感想は、お名前をのぞき新聞広告や帯などで
ご紹介させていただくことがあります。何卒ご了承ください。

■本書を何でお知りになりましたか（複数回答可）

1. 書店で見て　2. 広告を見て（媒体名　　　　　　　　　　　　）
3. 雑誌で見て（媒体名　　　　　　　　　　　　）
4. インターネットで見て（サイト名　　　　　　　　　　　　）
5. 小社目録等で見て　6. 知人から聞いて　7. その他（　　　　　　　　　　　　）

■小社 PR 誌『リポート笠間』（年 1 回刊・無料）をお送りしますか。

はい　・　いいえ

◎はいとお答えくださった方のみご記入下さい。

お名前

ご住所　〒

お電話

ご提供いただいた情報は、個人情報を含まない統計的な資料を作成するためにのみ利用させていただきます。また『リポート笠間』ご希望の場合は、個人情報はその目的（その他の新刊案内も含む）以外では利用いたしません。

なんです。子供のときから大坂にいるわけです。彼は留学して適々斎塾にいるだけじゃなくて、その前から大坂を見ているんですね。

大坂というのは、世界でシカゴと争って最初にデリバティブ、先物取引が始まった都市です。経済の先進地ですから、同じ武士と言っても福沢諭吉があぁいう合理的な思考ができたり。さきほど言ったような自己啓発を本で教育をしていくということをやっていくというのは、大坂の文化との関係がとても大きいんだと思います。本づくりにおいても、企画や流通で革命的な変化を起こすとき、大坂の本屋さんが大きく関わってくるというのは面白い点ではありますよね。

金■それを総体として象徴するのが、秀吉の出世ぶりだとも思います。

井上■秀吉の人気というのは、結局はあの異様な出世にあるわけで、それが活力なんですよ。

例えば吉川英治なんていうのは親が落ちぶれて塗炭の苦しみの中から懸賞小説を当てて、講談社に入って『キング』という雑誌で大きくした。それぐらい大正期から昭和のはじめにかけての一種の成り上がりの感覚、あるいは、膨張の感覚については、秀吉とシンクロしたと思いますよ。宮本武蔵の次が秀吉だったわけですよね。宮本武蔵というのは自分の力で切り開いていく男で、それの延長が秀吉なわけですよ。

戦後になって、我々が知っているのは緒形拳なんかがやっている大河ドラマの秀吉像ですが、あれももとは吉川英治の『新書太閤記』で、ドラマの題字を田中角栄が書いたという話も残っていますけれども、結局日本が草の根から活力が出るというときに秀吉という英雄はものすごく担がれる。その方向性についてはおおいに問題もあるんだけれども。

ついでに付け加えると、太平洋戦争前では、言論統制やノモンハンなどで活躍したやばい参謀たちも成り上がりなんです。学歴エリートではなくて、貧しくて小学校からいきなり試験を受ける。学校に行けなくて、アルバイトしながら勉強しているんです。辞書を一枚一枚破って食べていくいう昔のやり方ね。その人たちがじゃあ何を人生の目標に読んでいたかというと『太閤記』なんです。ですから、確かに活力の源であると同時に、その先にあるものについて問題のある書物なんだろうと思いますね。秀吉が担がれるときというのは、そういう男たちに活力があるときだと言っていい。

10 歴史を読む態度――「逆説」と「複眼」

金■中国周辺の民族というのは力がついて成長していくと、ある時期、中国と衝突します。それで、秀吉の朝鮮侵略も結局はそれだったと思うんですね。世界史的なレベルで見ると。それを良い、悪いとまず言ってから研究をはじめないといけない今の私たちは、ある意味では「呪縛」に囚われています。

井上■この本を書いているときに頭に浮かんできたのは「逆説」という言葉と「複眼」という言葉でした。「逆説」というのは、人間がうまくやっていると思っていることが、ある時期にはうまくいっているんだけれども、それがそのまま同じことをやり続けていることによって、ある時期になるとその一番うまくいっていたはずのやり方によって滅びの道へ進む。

それにそもそも、軍隊とか戦争とか、そういう存在は「逆説」なんですよ。最も不合理なこと、つまり命を的に戦うとか、そういうことを合理的にやるわけですよ。ですから、そもそも矛盾を抱えている。戦争を見るときの見方としてつねに逆説は無視できないと思います。その「逆説」のドラマが秀吉自身の中にも隠れているし、それに対する韓国にもあったわけですよ。

つまり文の国であるがゆえの良さ、悪さ、両方あるわけですよね。そして「逆説」として捉えるということは、「複眼」の思考とも言いかえられるでしょう。僕は秀吉のこの戦争は長い日本の歴史の目で見たときに中国の朝貢体制から外れるという意味では、意味のあった戦争だ評価しているわけですよね。しかし、それは韓国の人たちからすればとんでもないことになるわけで、そこで行われた惨禍というのは、それをなぜ朝鮮半島でやらなければいけないのかという根深い問題もあるわけですよね。それを単純には論じられない。「複眼」の思考で見ないとそこのところは論じられない。つまり何が正しいかというのは、唯一ひとつの正しさがあると考えることではなく、結局、これは論点的な思考になるんですけれども、何を解決するためかという目的があってはじめて正しさが決まってくるということになりますね。

編集■その思考もループし続けますが。

井上■うん。だけど基本はやっぱり正義をあまり表に出しすぎると、危険だということは、この本のようなテーマを研究するとよく分かってきてます。こちらが正しい、向こうが間違いだということとの根拠だけを挙げて正しさを競い合ったとしても恐らく解決にはならない。

そしてそういう問題が見えてくる内容になるのは、残念ながら今の歴史学ではなくて国文学のほうなのかもしれない。つまり歴史学はあまりにも事実にこだわるがゆえに、解釈がどう変わっていったかというところに力点を置かない面がある。解釈は歴史家自身がしちゃう傾向がある。極論すれば歴史家自身が神なのです。ところが文学の場合には記述の正しさがどうかということは今置いておいて、むしろ記述が正しくないことが前提になっているから、じゃあどう解釈していったんだというふうに相対的に、正しさを相対化して解釈しやすいわけですよね。その部分が逆に言うと歴史学にも、ボールを投げられるテーマになっていると、僕は思うんです。

同じ笠間さんから出す日本語学の本（金澤裕之・矢島正浩編『近世語研究のパースペクティブ』）で、文学研究との関係の問題を書いたんですが、そこで紹介したのは、外山滋比古がこの間『表現研究』で、「歴史学者に怒られるかもしれないが、歴史も創作だ」とはっきり指摘している点です。そういう見解は歴史学者は嫌がるだろうけれども、言語学者から見れば歴史は言葉でやっている以上創作だ。少なくとも表現だということです。そういう意味で相手が大きければ大きいほど、表現のドラマが面白くて、本書のようなテーマは確かに取扱注意なんですけれども、非常に意義のあるテーマで、もっと他の分野でも研究が広がっていってくれたらいいなあと思っています。

金■真実を摑んだと本当に信じてしまうことは、危険なんですね。信じきってしまっているから。自分はいいことをやっているとかね。

井上■一流の歴史学者は、「逆説」も「複眼」も十分理解していますよ。でもそうでない人を見分ける手立てにはなりますね。（了）

6

金時徳

朝鮮で加藤清正言説はどのように享受されたか

済州に漂着した「日本人」世琉兜宇須は誰か

「証言」の信憑性は、法廷闘争の場合、証言者と被告との間に、利害関係や近親性が薄いほど、高まるものである。事件そのものへの恣意的解釈が入り込みにくい、と想定されるからだ。もちろん、その場合でも、証言者自身の持つ思い込みやバイアスが、証言に影響する可能性は依然として残るのだが――。台湾を舞台にした日本とオランダのいざこざを、朝鮮の知識人が書きとめた場合、情報ソースのバイアスは措くとして、比較的客観的な証言が得られて興味深い。ところが、朝鮮自身と日本との戦争に関する証言には誤読がまま見られる。その現象を「皮肉」と見るか「ご愛嬌」と見るか、これは当事国の子孫たちの背負うバイアスである。（井上）

はじめに

ここでは、朝鮮時代後期の政治家・尹行恁《ゆんへんいむ》の『碩齋稿《せきさいこう》』巻九「海東外史・朴延《ぱくよん》」条の一節、「昔有蝦夷国松前人世琉兜宇須者。漂留耽羅二十余年。至万暦壬辰。為倭嚮導」（昔、蝦夷国の松前の世琉兜宇須という人がいた。耽羅に漂着して二十年後の万暦壬辰年（一五九二）に至り、倭の嚮導となった）といった謎の文章の起源を追跡する。その結果として、日本の壬辰戦争文献群、特に、加藤清正文献群における、「加藤清正が「セルトウス」という武将を生け捕った後、「せいしう（さいしう／済州）」というところに至って、松前から漂流してきた後藤二郎を通訳に任命し、富士山を見渡した」という言説が、十八世紀はじめに成立した『和漢三才図会』のなかで変容された形で朝鮮国に紹介されたことが確認される。それによって、壬辰戦争の際の朝鮮軍の武将・韓克諴《はんぐつかむ》がモデルとなったと思われるセルトウスが、松前から耽羅＝済州島に漂流してきて、一五九二年に日本軍の手先となった、という皮肉な記述が、『碩齋稿』に載せられることとなったのである。

『碩齋稿』巻九「海東外史・朴延」条の検討

朝鮮時代後期の政治家・尹行恁（一七六二―一八〇一）『碩齋稿』巻九「海東外史・朴延」条には、次のような記事が載っている。

> 朴延者。阿蘭陀人也。崇禎元年。漂流至湖南。朝廷隷訓局。将降倭及漂漢人。延初名胡呑万。工於兵書。能製火礮甚精巧。孝廟四年。有漂舡泊珍島郡。舡中三十六人。衣冠詭異。鼻高目深。不通言語文字。或云西洋人。或云南蛮人。朝廷命延往審之。延見其人。言語淋漓。至於泣下霑襟。而其人皆通星暦。善鋳鳥銃及大礮。遂以其人分隷京外諸営。其後十四年。隷湖南左道水軍節度営者八人。潜乗漁舟。逃之日本之長碕島。倭酋書報朝廷曰。阿蘭陀即日本之属郡。而今留貴国者八人逃至長碕。朝廷始知朴延亦阿蘭陀人也。延居大将具仁垕麾下。其子孫遂編訓局之軍籍。阿蘭陀一名荷蘭。一名紅夷。亦曰紅毛。在西南海中。明季拠台湾。後為鄭成功所敗。倭人与阿蘭陀互市為外援云。昔有蝦夷国松前人世琉兜宇須者。漂留耽羅二十余年。至万暦壬辰。為倭嚮導。朴延為国效其能。遂伝紅夷礮之制。奇哉。（傍線は引用者。以下、同じ）▼注1

朴延《ぱくよん》▼注2は阿蘭陀《おらんだ》人である。崇禎元年（一六二八）に湖南に漂着した。政府では、彼を訓局▼注3に属させて、降倭や漂流漢人を司らせた。彼の元の名は胡呑万《ほたんまん》▼注4である。兵書に精通し、火砲作りが上手であった。

孝宗四年（一六五三）、珍島《じんど》郡に一艘の船が難破した。船には三十六人が乗っていたが、彼らの衣服・帽子は怪しく、鼻が高く、目は深かった。言葉・文字が通じなかった。あるいは彼らを西洋人と呼び、あるいは南蛮人と呼んだ。政府は朴延に命じて、彼らを尋問させた。朴延は彼らと話し合ったが、袖を濡らすほど泣いた。彼らはみな星暦に精通し、鉄砲・火砲作りが上手であった。彼らを漢陽の外側の部隊に分属させた。

その十四年後（一六六七）、湖南左道水軍節度営に属していた八人が密かに漁船に乗って、日本の長崎に逃げた。倭の酋長は政府に書簡を送り、「阿蘭陀は日本の属郡です。貴国に滞在していた八人が逃げて、今長崎に至りました」と伝えてきた。政府はようやく、朴延も阿蘭陀人であることを知った。朴延は大将の具仁垕《ぐいんふ》の指揮下に置かれ、彼の子孫も訓局に編入された。

阿蘭陀の別名は荷蘭・紅夷・紅毛などである。西南海の中にある。明末に台湾を拠点としていたが、後に鄭成功に敗れた。倭人と阿蘭陀とは交易・外援するという。昔、蝦夷国の松前の世琉兜宇須という人がいた。耽羅に漂着してから二十年後の万暦壬辰年（一五九二）に至り、倭の嚮導となった。（世琉兜宇須とは逆に、）朴延は国のために自分の能力を発揮して、遂に大砲の作り方を伝授した。奇なるかな。


右の引用文には、近世の東アジア海域に展開された、日本・明／清・オランダの間の衝突の歴史が歪曲された形で述べられている。阿蘭陀・荷蘭・紅夷・紅毛はすべてオランダを指している。「明末に台湾を拠点としていたが、後に鄭成功に敗れた」というのは、一六二四年にオランダ東インド会社（VOC）が台湾島（Formosa）の南部を占領してゼーランディア（Zeelandia）

城を建ててから、一六六二年に鄭成功軍に追い出されるまでの間の歴史を圧縮して述べたものである。

一方、この文章の前で、「倭の酋長」が書簡を送り、「阿蘭陀は日本の属郡で」あると主張した背景には、台湾島占領期のオランダが長崎・出島に限定されながらも、日本との恒久的な交易関係を結ぶに至る歴史がある。その他のヨーロッパ諸国と同様、台湾島を占領したオランダも、最初は荒っぽい方法で清・日本との交渉に臨んだ。これに対し、長崎代官の末次平蔵《ひろつぐへいぞう》と連携した浜《はま》田《だ》弥兵衛《やひょうえ》▼注5という商人が台湾島の領有権・交易権を主張し、一六二八年に、第三代オランダ領台湾の行政長官であったピーター・ノイツ（Pieter Nuyts／Nuijts：一五九八―一六五五）を襲撃し、ノイツを日本に五年間抑留する事件が発生した。台湾事件・ノイツ事件などと呼ばれる。日本との安定した交易関係の樹立を望んでいたオランダ側は、キリスト教の布教をしないなどとの条件を幕府に提案し、幕府がこれを受け入れることによって、十七世紀の中頃からオランダと日本との交流が本格化する▼注6。

台湾事件に関する日本側の知識人層の考え方を象徴する一例が、一八〇〇年（寛政十二）に刊行された森島中良《もりしまちゅうりょう》の『万国新話《ばんこくしんわ》』巻五「浜田兄弟智勇の話」である。この記事によると、東シナ海で略奪行為を繰り返す蛮船《おらんだふね》が日本の船を襲撃したことを受けて、末次平蔵は浜田兄弟を派遣し、「大宛《だいわん》の酋長」である「ゼネラル」（ノイツのこと）を襲撃して生け捕った。ゼネラルは人質を渡し、自国船による海賊行為の根絶を約束したというのである▼注7。

このように、日本側はオランダとの交渉前史に関して優越感を抱いていて、このような優越感は、二〇〇年間に亘る対オランダ関係にも反映されたといえる。「倭の酋長」が、「阿蘭陀は日本の属郡」であると主張したという『碩齋稿』の記述は、オランダに対する日本側の優越感の反映と思われる。

加藤清正文献群と『和漢三才図会』巻五十六「山類・富士山」条

『碩齋稿』巻九「海東外史・朴延」条の中で、筆者が問題とする箇所は、「昔、蝦夷国の松前の世琉兜宇須という人がいた。耽羅に漂着してから二十年後の万暦壬辰年に至り、倭の嚮導となった」という文章である。この文章は、日本の壬辰戦争文献群、特に、壬辰戦争の際に第二軍を率いた加藤清正の一代記的な文献を指す加藤清正文献群の内容が、日本側の文献を通して朝鮮国に受容された結果生まれた。この文章の内容を理解するため、拙稿の記述を要約して紹介する▼注8。

加藤清正文献群の最初の文献（十七世紀中期以前の成立）と思われる『清正高麗陣覚書』によると、一五九二年に朝鮮国を侵略した加藤清正は、咸鏡道《はむぎょんど》を経て、旧満州の「おらんかい人」▼注9と戦い、化け物のような武将「セルトウス」を生け捕った。朝鮮国への帰還の途中、「せいしう」というところに至って、富士山を見渡し、二十年前に松前からここに漂流した後藤二郎という日本人を道案内とした。

後続文献では、この言説に登場する「セルトウス」という人名に「世琉兜宇須」という漢字が当てられる。咸鏡道の海汀《へじょんちゃん》倉で加藤清正軍と戦った朝鮮側の韓克諴《はんぐつかむ》の官職名である「咸鏡北道兵馬節度使」の「節度使《ぞるどさ》」の発音が変容したものと見られる。なお、「せいしう」という地名は、咸鏡道の東北部にある西水羅《そすら》を指すものと思われる▼注10。最初は、「せいしう」と、平仮名だけ表記されていたものが、「済州《せいしう》」と表記されるようになり、やがて「済州《さいしう》」となる。

この言説は江戸時代を通して人気を博し、壬辰戦争文献群以外の多数の文献にも見受けられる。その中で、『碩齋稿』所収の文章に酷似する文章を有するのが、寺島良安編『和漢三才図会《わかんさんさいずえ》』である。一七一二年からの三十余年間に亘って刊行され、朝鮮後期の文人の間でも読まれた▼注11『和漢三才図会』全一〇五巻のなかで、この言説を伝えそうな箇所は、巻十三「異国人物・朝鮮」条と「おらんかい」条、巻五十六「山類・富士山」条の三箇所である。「朝鮮」には壬辰戦争の七年が概観され、加藤清正がおらんかいで朝鮮国の二人の王子を生け捕ったという内容が紹介されるが、右の言説は見当たらない。「おらんかい」条には『大明一統志』所収の関連記事が引用されているが、やはり、右の言説は載っていない。『碩齋稿』所収の文章に類似する内容を載せているのは、巻五十六「山類・富士山」条である。当該文章を引用する。

秀吉公征朝鮮時、加藤清正、於兀良哈、捕獲一人。名号世琉兜宇須、日本松前人也。所風飄、在済州二十年。清正悦為郷導、改名後藤次郎。即云、此地、天霽可見富士山、甚近▼注12。

秀吉公が朝鮮を征伐した際、加藤清正が兀良哈《おらんかい》で世琉兜宇須《せるとうす》という人を生け捕った。彼は日本の松前の人で、悪風に吹かれて二十年前に済州に漂着した。清正は喜び、彼を道案内とし、彼の名前を後藤二郎に改名した。彼が言うには、ここからは、晴天の日は富士山がとても近くに見える。

右の引用文では、『清正高麗陣覚書』をはじめとする加藤清正文献群において相異なる人物とされる世琉兜宇須《せるとうす》と後藤二郎とが同一人物として描かれている。一方、彼が漂着したところは、先行文献と同じように「済州」となっている。前述したように、加藤清正文献群に登場する済州は、韓半島の南の「済州島」ではなく、韓半島の東北部にある西水羅と思われる。たとえ、済州が西水羅を指していないとしても、言説の描写によると、せいしう（さいしう／済州）は旧満州に近いところに位置することになっている。この「済州」を、韓半島の南の「済州島」と同一視してはならないという指摘が、『朝鮮征討始末記』（十八世紀の末―十九世紀の初め頃に写本と刊本が成立）の「凡例」に見える。

一書《いっしょ》に、加藤清正《かとうきよまさ》の兀良哈《たつりやうかふ》を陥《おとしい》る、事《こと》、或《あるひ》は女直《ぢよちよく》に於《おい》て合戦《かつせん》、或《あるひ》は済州を攻《せ》め落《おと》す事《こと》など云《いへ》るは、更《さら》に拠《よりどころ》なき謬説《りゆうせつ》なり。清正《きよまさ》は朝鮮《てうせん》の北地《ほくち》、咸鏡道《はみきやんたい》鏡城・会寧《くはいねい》まで攻入《せめい》られたる事《こと》にて、女直界《ぢよちよくさかひ》とは云《い》へども女直迄《ぢよちよくまで》は未《いま》だ遥《はるか》に隔《へだ》たる事《こと》なり。（中略）済州《せいちう》は朝鮮南海《てうせんなんかい》中《ちゆう》、全羅道《てるらかい》の洋《おき》に日本里程にて凡七十里ほど出《で》はなれ、往昔耽羅国《わうせきたんらこく》と云《いへ》る一島《いつとう》にて、日本五《ご》島《とう》と対頭《たいとう》すといへり。咸鏡道《はみきやんたい》は蝦夷《えぞ》と遥《はるか》に対頭《たいとう》すと云《いふ》。是済州《これせいちう》と咸鏡道等《はみきやんたいとう》は南北《なんぼく》の背馳《ちがひ》にて曾《ちつ》とも清正《きよまさ》の攻《せ》めざる所《ところ》にて、取《とる》にたらざるなり▼注13。

とある本のなかに、「加藤清正が兀良哈を攻め落とした」とか、「女直と戦った」とか、「済州を攻め落とした」などと書かれているのは、根拠のない謬説である。清正は朝鮮の北方の咸鏡道の鏡城《ぎよんそん》・会寧《ほえによん》までは攻め入ったが、ここは女直との境とはいえども、女直（の本陣）まではまだ遥か遠いところであった。（中略：また）済州は朝鮮の南海中にあって、日本の里程でいうと、全羅道《ぜんらど》から七十里ほど離れた、昔は耽羅国と呼ばれた島であって、日本の五島と向かい合っている。咸鏡道は蝦夷と遥かに向かい合っているといわれる。済州と咸鏡道とは南北に対置している。なので、済州は清正が攻めたところではない。根拠のない説である。

右の指摘どおり、一部の人がせいしう（さいしう／済州）と済州島とを同一視した例を、『朝鮮征討始末記』巻三で見ることができる。

後藤云ふ、「此処より天気快晴なる時、坤の方に当て日本の富士山近く見えけり」となり。或説、「富士にては有べからず。薩州の海門ヶ嶽なるべし」と云り。又一説、「海門ヶ嶽にても有まじ。蝦夷のりいしり成べしと。是的説也」と云り。「近く見えけり」と云へは必定りいしり成べし。（九ウ）

後藤が言うには「晴天の日は、ここから南西方面に日本の富士山が近く見える」。とある説には、「これは富士であるはずがない。薩州の海門ヶ嶽であろう」という。また一説には、「海門ヶ嶽でもなかろう。蝦夷の利尻島であろう。この説が正解である」という。「近く見える」と言ったので、利尻島に間違いない。

作者は、この言説に登場する富士山は本物の富士山ではないという大前提のもと、九州西部の海門ヶ嶽説と、北海道西部の利尻島説との二つの説を取り挙げ、利尻島説のほうに賛同する。九州西部の海門ヶ嶽説を唱えたのが誰だったのかは確認されないが、せいしう（さいしう／済州）と済州島とを同一視した上で提唱された説と思われる。そして、せいしう（さいしう／済州）と済州島とは同じものではないという判断から、作者は利尻島説を採択したものと見られる▼注14。そして、日本と同様、朝鮮国でも、せいしう（さいしう／済州）と済州島とを同一視した解釈が現れたのである。尹行恁は、『和漢三才図会』巻五十六「山類・富士山」条に見える「済州」を「済州島」のことと思って、「済州」の旧国名の「耽羅」に書き換えたのである。加藤清正文献群における済州と、韓半島南部の済州島とを同一視してはならないという『朝鮮征討始末記』の編者の警告が朝鮮国で実現したのである。その結果、加藤清正軍と戦った朝鮮軍の武将・韓克誠がモデルとなったと思われる世琉兜宇須が、『碩齋稿』には、日本から耽羅に漂着し、日本軍の手先となった日本人として描かれるようになったのである。尹行恁はセルトウスの正体を知る由もなかったが、皮肉な一幕といわざるをえない。

おわりに

以上の検討から、『碩齋稿』が『和漢三才図会』を通して加藤清正文献群の内容を受容する過程で起こった二つの誤謬を指摘することができる。まず、加藤清正文献群の記述によると、加藤清正軍と戦ったセルトウスのモデルは、朝鮮軍の武将・韓克誠であったと思われる。一方、せいしう（さいしう／済州）に漂流した松前の日本人の名前は後藤二郎である。ところで、『碩齋稿』には、韓克誠がモデルとなったセルトウスが松前から耽羅に漂流し、加藤軍の手先となって後藤二郎と改名したと述べられる。また、『朝鮮征討始末記』の編者の、加藤清正文献群における済州と、韓半島南部の済州島とを同一視してはならないという憂慮にもかかわらず、このような誤りが朝鮮国でも起こったのである。壬辰戦争の当事国であった日本・明・朝鮮の三国の関連文献が集成されて成立した、近世日本の壬辰戦争言説が、『和漢三才図会』を通して朝鮮国の知識人層に伝わる過程で発生した皮肉な一幕といえる。

注——

1▼『影印標点　韓国文集叢刊』二八七（民族文化推進会、二〇〇二年）一四八・九頁。

2▼元の名はベルテブレ（J. J. Weltevree）。

3▼訓練都監。朝鮮国の首都である漢陽を守備する部隊。

4▼オランダ語の hopman（指導者、首長）から来たか。

5▼VOC側の記録には「ヤヒョウエン」（Jaffioen）と見える。

6▼以上、十七世紀初期のVOCと日本との関係に関しては、William Campbell, Formosa Under the Dutch: Described from Contemporary Records with Explanatory Notes and a Bibliography of the Island (London : Kegan Paul, Trench, Trubner and Co., Ltd., 1903) の記述と、Bloomberg 社（アメリカ）の Dylan Yu 氏の助言によった。この場を借りて、感謝の意を表す。

7▼以上、『万国新話』巻四、十九オ—二十四ウ。原文は九州大学のウェブ上で閲覧できる。http://record.museum.kyushu-u.ac.jp/bankokusin

8▼「忘れられた一文芸の系譜—加藤清正伝承から見た「壬辰倭乱物」」、『国際日本文学研究集会会議録』28（国文学研究資料館、二〇〇五・三）。

9▼日本語の夷《えびす》に当たる韓国語「オランケ」から由来。

10▼以上、池内宏『文禄慶長の役　別編第一』（東洋文庫、一九三六年）二五四・五頁。

11▼安大会「十八・十九世紀の朝鮮の百科全書派と『和漢三才図会』」、『大東文化研究』六十九（成均館大学校・東アジア学術院、二〇一〇・三。韓国語）

12▼巻五六、十四オ。原文は九州大学のウェブ上で閲覧できる。http://record.museum.kyushu-u.ac.jp/wakan/wakan-chi/page.html?style=a&part=19&no=1

13▼国立公文書館旧内閣文庫所蔵本（一八六一―〇〇八六）。

14▼この言説における富士山がどこを指すかに関する江戸時代の議論については拙著『異国征伐戦記の世界―韓半島・琉球列島・蝦夷地』（笠間書院、二〇一〇年）第4章を参照。

金時徳

7 成熟していく歴史読み物

石田三成は英傑か、悪人か

時の政治体制にとって歴史上「敵役」となる人物は、たいていきわだった悪人として造型される。ただし、語り伝えられる過程で、あまりにさまざまな悪が、その人物に集約されてしまうと、リアリティを失ってくる。そこまで悪人だったのか。そのような悪人は存在しうるのか。こうした想像力からは、極悪人が実は大変な英傑だったのではないかという反転を生む場合も出てくる。石田三成という存在は、江戸時代、まさに極悪人として伝えられてきたが、草の根から、これと真っ向対決する解釈も出てくる。後に司馬遼太郎も『関ヶ原』で同様の三成像を描いている。朝鮮との戦争をめぐる、秀吉の家来たちの群像ドラマは、歴史読み物の宝庫だった。（井上）

はじめに

本章では、『絵本太閤記』の壬辰戦争記事に見うけられる北の政所と淀君との葛藤構図が、十八世紀中期の実録『慶長中外伝《けいちょうちゅうがいでん》』初編に由来したことを指摘する。一方、この葛藤構図と緊密な関連を持つ、壬辰戦争を前後した時期の石田三成の行動に対し、『慶長中外伝』の場合は、徳川家康と同格の英傑であり豊臣家の忠臣である彼が、豊臣家を守るためにやったことだったとして称える。『絵本太閤記』は、石田三成に対する『慶長中外伝』の解釈には従わず、淀君と石田三成の二人を悪人と見なす江戸時代の通説に従っている。二夫人の葛藤構図を歴史の原動力として理解し、石田三成の行動に新しい意味を与えようとした『慶長中外伝』の姿勢は、壬辰戦争から大坂の冬・夏の陣に至る歴史を、一連の歴史小説として作り上げるための、作者・堀麦水の試みによるものであった。

『絵本太閤記』における二夫人の葛藤構図と、悪人としての石田三成

『絵本太閤記』全七編は一七九七―一八〇二年（寛政九―享和元）の間に刊行され、大ヒットした絵本読本（挿絵を多く施した、江戸後期の上方読本）である。作者は武内確斎《たけうちかくさい》、絵師は岡田《おかだ》玉山《ぎょくざん》一世である。豊臣秀吉の在世中から著されはじめた太閤の伝記の本文と、当時の庶民に喜ばれる細密な挿絵とが結びついて誕生した全七編のうち、壬辰戦争記事が載っているのは主に第六・七編である。

中村幸彦が『絵本太閤記』を研究する意義を唱えて以来▼注1、多くの研究成果が蓄積されてきた。先行研究は、『絵本太閤記』と出版、特に、取り締まりとの関わりに関する研究▼注2と、『絵本太閤記』第一―五編の主な典拠とされる『太閤真顕記《たいこうしんけんき》』との関わりに関する研究▼注3とに二分される。一方、『絵本太閤記』第六・七編に載っている壬辰戦争記事は『太閤真顕記』の影響下に成立したのではないことも指摘されている。『太閤真顕記』と、本章の分析対象となる『慶長中外伝』とでは壬辰戦争記事が省略されている。

私にいわく、異国合戦の一件は朝鮮太平記に書する所、爰にて略し欠けたるを顕はすのみ▼注4。（『太閤真顕記』十二編巻十九）

朝鮮の合戦は人口に膾炙するところなれは、此書には略す▼注5。（『慶長中外伝』初編巻二十）

中村は、『絵本太閤記』第一―五編の典拠は『太閤真顕記』であるが、壬辰戦争記事の典拠は堀杏庵《ほりきようあん》の『朝鮮征伐記』および、宇佐美定祐《うさみさだすけ》の『増補朝鮮征伐記』であると推測する。中村の研究を受け継いで、濱田啓介・金時徳は、『朝鮮征伐記』のほかに、日本・明・朝鮮の多数の文献が『絵本太閤記』の壬辰戦争記事に利用されたことを指摘する▼注6。日本の文献としては『太閤記』と『豊臣秀吉伝』、明の文献としては『武備志《ぶびし》』、そして、朝鮮の文献としては柳成竜《りゅそんりょん》の『懲毖録《ちょうひろく》』・『西厓先生文集《せいがいせんせいぶんしゅう》』を利用したことが確認される。

『絵本太閤記』の壬辰戦争記事は、北の政所と淀君との葛藤を通して、当時の歴史を見通す解釈を提示しようとしたところに特徴がある。二夫人の葛藤構図が可視化するのは、五編巻八に述べられる黒百合事件からである。豊臣秀吉に降伏した佐々成政《さっさなりまさ》が、越中の特産である黒百合を北の政所に贈ると、これを嫉妬した淀君は、黒百合が珍しい花ではないかのように見せかけて北の政所を侮辱する。これが淀君の計略とは知らず、北の政所は、佐々成政が自分を欺いたと思い込む。豊臣秀吉は、

> 朝鮮大明を切取て居城を作らん大志のおわしければ、大胆不敵の佐々成政、恩に飽しめて朝鮮征伐の先鋒たらしめんと西国の要地肥後隈本を与へ給ふ▼注7。（五編巻八、25ウ）

のように、佐々成政を肥後国に封じ、彼を朝鮮侵略の先鋒に立てようとしたが、肥後で一揆が起こると、豊臣秀吉は二夫人の讒言に従って彼を切腹させる。その後、肥後を半分に分けて、北の政所の寵臣である加藤清正と、淀君の寵臣である小西行長とに授ける。二夫人の葛藤構図は二人の武将に受け継がれ、壬辰戦争の際の二武将の不和の原因となる。このような展開によると、豊臣秀吉の朝鮮侵略計画をくじけたのは二夫人であったということになる。しかし、二夫人に対す

る『絵本太閤記』の評価は正反対である。

政所は篤実の明、淀殿は虚慧の智也。北政所を廃して淀殿一人を心の尽に威を行はせば、唐の則天皇后、我朝の尼将軍政子の方にも遙に勝るべき佞才也。（五編巻八、23ウ）

との引用文のように、『絵本太閤記』のなかで、北の政所と淀君とは徹底した善悪構図をなしている。朝鮮侵略の出陣の際も、北の政所は主君の豊臣秀吉と日本のために真忠を尽くすようにと加藤清正を諫める反面、淀君は、小西行長が加藤清正より大きい勲功を立てることは、自分が北の政所より優位に立つことにつながるということを強調する。淀君はまた、自分と同じような悪人の石田三成と手を組んで、自分の息子である豊臣秀頼のライバルになりうる豊臣秀次とその一族を惨殺する。一方、石田三成は、

今度の朝鮮征伐により、太閤いたく心を労し世を早ふ去り給はゞ、諸侯の上に立事かたく、年来の大望画餅とならん事を恐れ、扨こそ和睦の計を行ひけるは、皆三成が方寸より出たる事なり。（六編巻七、4オ）

と、朝鮮侵略のために豊臣秀吉が心を痛めて死んでしまったら、自分の未来が不安になるのでは

ないかと心配する。それで、明との和議交渉を成功させるよう、小西行長に要求する。このような思惑のもとに進められた和議交渉に対して、『絵本太閤記』の作者は、

此沈惟敬人名素性無頼の姦人なるに、行長又正直の武士にあらず。石田三成は恐るべき佞の甚しき者也。（六編巻九、21オ）

といって、和議交渉を主導した石田三成を「恐るべき佞」人であると非難する。そして、和議交渉を進める小西行長と石田三成の背後には淀君がいた。

しかし、和議交渉は決裂し、二度目の朝鮮侵略の最中に豊臣秀吉が死亡する。そうなると、淀君は、別の大名を誘惑して味方にするためには若さが必要であるとして「金竜の法」という邪術を行ったが、失敗して蛇形になってしまう（七編巻十二「淀君行状」）。一方、隠居した北の政所は、出雲のお国のような女性芸能人を庇護するパトロンになる（七編巻十二「北庁行状」）。二夫人に対する『絵本太閤記』の姿勢の違いが明らかである。

二夫人の葛藤と壬辰戦争との関わりに関する『絵本太閤記』の見解を整理したのが次の引用文である。

爰に一説有。日本先鋒の大将小西行長と加藤清正と、其間常に睦じからず。此依て起る謂を

尋れば、前にも記せし北の政所は加藤清正が後に立給へば、淀君は小西行長に荷担し給ひ、朝鮮渡海の後も内々別の使を遣はされ、淀君よりは、此度の戦功加藤が下に出なば、自迄も太閤の御前面目を失ふ所なれば、衆に越たる高名こそあらまほしけれと行長方へ告げ給へば、清正も政所より、小西に功を奪れなば、今迄の武功勇名いたづらに成て、御身の立べき時なかるべし。就ては彼国の人民をもめぐみ憐み、仁義正しく全き高名を顕わしたまへなど申給ふにより、両将互に其功を妬み、軍中和を得ずして、全き勝利を失ひしは、其閫の中より出て、災を海外他邦に及ぼしけるは、是非なかりける次第也。（六編巻五、23オ〜24ウ：傍線は筆者）

二夫人の対立が壬辰戦争の失敗を招いたというのである。傍線を引いた「閫の中」とは北の政所と淀君との住む閨房を指す。両閨房の間に起きた戦いによって豊臣秀吉の野望がくじかれ、豊臣の天下が徳川の天下に変わったというのだ。実は、これは、後述する『慶長中外伝』の史観でもあるが、『絵本太閤記』の場合は、二夫人の葛藤を問題視しながらも、

此程太閤異例見へさせ給ふに付、淀の御方いよ〳〵御嫉つよく、時としては怪しき御ふるまひもおわすのよし、ほのかに聞せ給ひ、牝鶏之晨惟家之索なりといへる書経の語も思召合させられ、我と淀の君とかく威権を争はんには、天下の諸侯其虚に乗じ、逆意を発し仇を結

び、終には大乱と成て太閤の功業も空しく、再び生民土炭に苦しみなん。（中略）かの牝鶏晨の悪名をまぬがれたまふぞ有がたき才女なりき。（七編巻十二、13ウ～14ウ）

のように、淀君の奇行（邪術）の噂を聞いた北の政所は、「牝鶏《ひんけい》の晨《あした》するはこれ家の索《つ》くるなり」（牝鶏《めんどり》が朝を告げるのは家を滅ぼす元となる）という『書経』「牧誓」の一句を思い出したとして称えるなど、その批判の対象を淀君に限定する。そうして、国内では北の政所と淀君とが対立し、戦場の韓半島では加藤清正と小西行長とが対立する、善悪の徹底した葛藤構図のもとに、『絵本太閤記』の壬辰戦争記事は述べられるのである。

『慶長中外伝』における二夫人の葛藤構図と、英傑としての石田三成

ところで、ここまで分析してきた、北の政所と淀君との葛藤を描いた『絵本太閤記』の記事に直接影響を与えながらも、二夫人の葛藤や石田三成の行跡に関して異なる解釈を下す文献がある。金沢の俳人・堀麦水《ほりばくすい》（一七一八－一八三）の実録『慶長中外伝』がそれである▼注8。実録は幕府の検閲を避けて写本の形で流通し、作者も不明である場合が多いが、「麦水の実録は自筆本も含めかなりの点数が残されていること、同時代の実録の「作者」としては馬場文耕ぐらいしかまとまった研究がされていないこと、麦水が金沢の人間であり地方における実録のあり方を考える手がかりとなりうることなど、研究対象として非常に興味深い」▼注9。

堀麦水の実録としては、本章で分析する『慶長中外伝』のほかに、島津氏の琉球征服のことを描いた『琉球属和録《りゅうきゅうぞくわろく》』、島原の戦いに関する『寛永南島変《かんえいなんとうへん》』など、多数の作品が現存する。これらの作品は、壬辰戦争、関が原の戦い、琉球征服、島原の戦い、大坂の冬・夏の陣などをテーマとしていて、江戸時代の初期歴史を扱った歴史小説群をなしている。しかし、先行研究は少なく▼注10、管見の限り、『慶長中外伝』が『絵本太閤記』に及ぼした影響に関しては指摘されたことを聞かない。

中村幸彦によると、『慶長中外伝』は七編二〇五巻が現存し、堀麦水が生活費を稼ぐために宝暦年間（一七五一―六四）に著したようで、現存本は未完成と思われるが、作者の文人が著した『慶長中外伝抄《けいちょうちゅうがいでんしょう》』によると、元々は、壬辰戦争から大坂の陣までをテーマとしたようであるという。ただ、本章の分析のために使った鹿児島大学付属図書館所蔵本は全九編で、九編第二十五巻の末尾には、大坂の陣に関しては『慶元摂戦録《けいげんせっせんろく》』▼注11を見るようにと記されている。

『慶長中外伝』は、「慶長三傑」としての豊臣秀吉・徳川家康・石田三成の三者比較論に始まり、北の政所と淀君との葛藤が壬辰戦争の失敗と関が原の戦いの勃発につながったという史観に基づいて歴史を記していく。『慶長中外伝』全編のうち、先に紹介した『絵本太閤記』の壬辰戦争記事との類似性が指摘できる箇所は、豊臣秀吉の死亡までを取り扱った初編のなかでも、巻五「終年兵渡異域」、巻六「閫中閫戦女才因縁」、巻七「五妻終為二雄」、巻十四・十五「依而起朝鮮征伐　上・下」、巻き十六・十七「黒百合佐々亡　上・下」である。これらの巻には、黒百合をめぐる北の政所と淀君との対立や、その結果としての佐々成政の死亡に関する『絵本太閤記』の記述に類似する内容が述べられる。『慶長中外伝』においても、豊臣秀吉が佐々成政を肥後に封じたのは、彼を朝鮮侵略の先方に立たせるためだったとされる。

此佐々成政、太閤に対し一寸の功なし。然るに、今一年も立ざるに六十万石を給はる。是は島津を押へのためと聞ゆ。然れども、畢竟は後年朝鮮征伐の総大将を頼玉はんとの深慮とぞ聞えし。（初編巻五）

しかし、『絵本太閤記』と同様の展開によって佐々成政は自害する。その後、二夫人の葛藤は小西行長と加藤清正との葛藤を引き起こし、朝鮮侵略を失敗へと導く。また、二夫人の対立から豊臣家の家臣らが二分するなかで徳川家康は勢力を拡大し、関ヶ原の戦いで石田三成の西軍は敗北する。

ところで、『慶長中外伝』においても、北の政所と淀君との葛藤は善悪構図に基づいて描かれるが、葛藤構図の描写の仕方や一部文章の一致から、『絵本太閤記』との類似性が想定される。

政所の篤実の明と、淀殿の虚慧の智にて、若それ壱人を存して威のまゝに行なはせば、異朝の則天皇后、我日本の尼将軍政子が振舞をも成し得ざるの女才にはあらざるなり。（初編巻

七）

右の引用文では、批判の対象を淀君に限定してはいない。『絵本太閤記』が、則天皇后・尼将軍に比べられる人を淀君に限定するのとは対照的である。後述するように、『慶長中外伝』においても、淀君は悪女として描かれてはいるが、『慶長中外伝』の叙述を引き継いだ『絵本太閤記』では、右のような中立的な文章までもが反淀君的な内容に変えられるなど、善悪構図による二夫人の葛藤関係の叙述がより鮮明になっていることが確認される。また、『慶長中外伝』初編巻六・七には、豊臣秀吉の死後、隠居した北の政所が出雲のお国のような女性芸能人のパトロンになったと記されるが、淀君が蛇形になったという記述は見当たらない。

堀麦水は、二夫人の葛藤を劇的に描写するよりは、二夫人の葛藤がその後の歴史をどのように動かしたかを追跡する方により強い興味を持っていた。そして、その探求の過程で浮上したキーワードが、前述した「閫」（しきみ・しきい）である。『慶長中外伝』には「閫中」、「閫中閫外」、「閫中舌戦」、「閫戦」などの言葉が頻出し、作者による解説も見える。

閫中舌戦とは閫中の云分にて舌の上にて争ふ也。（初編巻七）

閫戦（中略）是、女中闘論の事なり。（初編巻十四）

堀麦水は、壬辰戦争前後の歴史はすべて、この「閫中」よりはじまったと分析する。

まことに閫中閫外の軍心を押して考ふれば、関か原の一変してより、難波城の二変冬御陣夏御陣鏡中の物を移すがごとく成るべし。（初編巻七）

其頃の事、閫中に預かるらざるはなし。（初編巻十六）

それは豊臣秀次事件の場合も例外ではなく、『慶長中外伝』にも、『絵本太閤記』同様、閫中の葛藤構図のもと、淀君と石田三成が計って秀次一族を殺したと述べられる。

此三好秀次は高野山にて生害の事は深き閫中にて淀殿並石田三成、此事を計りて甚だ秘謀の術なり。これ関が原の閫戦起べき根ざしなり。（初編巻五）

淀殿（中略）偽はりかざりて実徳なし。其姓妬み深く憎み厚し。酷悪、人を殺して猶足らず。窃に其肉を叩き砕かしむる事多し。就中関白秀次の妻女三十余人一時ほふむり尽す。全く是淀殿の妬力なり。（初編巻七）

淀君の残酷さを強調する点も『絵本太閤記』に同じである。右の引用文を読む限り、石田三成に対する『慶長中外伝』の評価も、『絵本太閤記』のそれに同じであるかのように思われる。しかし、『慶長中外伝』初編全体をみると、石田三成の評価は肯定的である。このような評価の一例が初編巻一「発言慶長三傑」である。ここで、堀麦水は石田三成を小人物・奸臣と非難する江戸時代の通説に挑戦する。

忘湖先生といふ者あり。其姓氏を知ず。好んで燭を秉て夜遊ぶ。必ず慶長天正の間の英雄を論ず。夫か中に慶長の三傑といふ詞を多く交えて談柄とせり。人其三傑を問ば、太閤秀吉公、徳川家康公、石田三成傑なる故なるべし。其頃は前田・島津・毛利・上杉・蒲生・黒田なんど、皆衆のゆるす所にして、独石田氏のみ其上に出るもの、誠に故あり。太閤は天授の傑なり。神君は自然の傑也。三成人才を以傑を求る故に先建て亡ぶ。

堀麦水は、忘湖先生という架空の人物をして、石田三成は豊臣秀吉・徳川家康と同格の英傑であり、前田利家・島津義弘・毛利輝元・上杉景勝・蒲生氏郷・黒田長政のような人々は彼の下だったと主張させる。引用文に続く文章では、豊臣秀吉の死後、未来の展開を感知した石田三成は徳川家康との戦いに備えたが、西軍に属する諸武将を指揮するための権威が足りなかったため失敗したと評する。そして、堀麦水はある種の逆説を提起する。

此敵手たるもの小人にして、天下の諸侯、是に何者か属せんや。三成を強ていやしめば、却て徳川家の武を汚す大罪なるべし。実に石田三成が英敏なる事、寔に諸衆人の盟主なるべし。

関ヶ原の戦いで徳川家康と互角に戦った石田三成を小人物だったといやしめるのは、「徳川家の武を汚す大罪」であるというのである。続いて、豊臣秀吉が石田三成を九州に遣わして、自分に代わって戦争を指揮させようとした事実に触れ、次のように論評する。

太閤の薨去、今五年遅かりせば、三成内約のごとく忽ち九州二島の探題になるべし。而後威行れ、令定らば、天下の大名の頭に立べし。深く虚恵をし英雄の心をむすばゝ、勢ひ西海に傾かん。其後太閤薨あらば、三成後見の一人となりて、豊臣の天下千歳の全きをたもたざらんや。又、三成が成敗の世と変ずべきや計るべからす。再び徳川氏か掌握には落入る事は絶てあるまじ。徳川氏若幸ひあらば五七十万石の大名に終るべきもの也。然るに事の成不成は天に有。

もし、豊臣秀吉があと五年生きながらえたら、石田三成は権威を確固たるものとし、豊臣氏の天下を守ることができただろうから、徳川家康はせいぜい大名に留まっただろうが、そうならなかったのは「天」によるものだったというのである。そして、

石田三成いまだ人のために雌伏せられ、終に湎潜潤洩《めんざんかんゆ》の行ひを以て其苗に土かふ時、太閤既に他界有て、天運則徳川家に幸ひして大器是に移らんとす。三成わづかに二十余万石の新参の大名、万事人の制を受る身をもつてさえ三百余万石の家康公に対陣して事勝ならんとす。然に閫中の一つ大女戦有て、終に理西方幸ひせず。

二十余万石の新参でありながら三百余万石の徳川家康と互角に戦い、ほぼ勝利するところまでいった石田三成であったが、「閫中」の「女戦」のために運がついてこなかったと論じる。堀麦水の論理によると、豊臣家の天下を永続させようとした石田三成の計画は、早すぎた豊臣秀吉の死と、二夫人の戦い（閫中閫戦）という不運とによって失敗したのである。徳川家康の天運と石田三成の不運、そして、その不運を引き起こした閫中閫戦。この三つの要素は、『慶長中外伝』の全編を通して強調される。徳川家康の天運を強調し、作品の至るところで彼を賛美するところから、幕府を配慮した堀麦水の執筆姿勢を指摘することもできよう。

『慶長中外伝』初編巻二十によると、壬辰戦争の際に、石田三成が和議交渉に積極的だったの

も、豊臣秀吉への「真忠」によるものであった。

小西かついに和議に主たるは元より淀どの、内意なり。石田三成是に荷担するものは、太閤をして事を誤らしめんとにはあらす。実に太閤への真忠なり。其時の行ひ、実に太閤への和議、其所を得たり。此朝鮮陣、終に得かたし。若和議なつて太閤の威異域に　佞《てい》〈ママ〉し心ざし化するに至ては、まさに人間十年の命寿をのべたまうへし。さあらは石田三成こゝろましに大名となりて威権は日本に震うへし。

壬辰戦争は勝利することが難しい戦争であったので、うまく和議交渉を成功させて、豊臣秀吉の威儀を異国に輝かし、石田三成自身の権威をも確固たるものにするためだったというのである。この文章のみを見ると、石田三成は自ら権力を得るために豊臣秀吉を利用したと理解することもできる。しかし、堀麦水は、石田三成が権力を得ようとした真の動機をより深く追求する。

朝鮮の役発攻より功なし。退て候ときそ英名を失給ふ鶏肋の情、終に凶なる事を兼てよりこゝろに知て顕明なり。ゆへに心をいたましむる事、余人よりは猶深し。されば石田三成はその才、太閤に似たり。ゆへにや、実を知る。よつて他よりはかつて間違なりとも和議をとゝのへ、されは太閤身死して止むなり。外別に術計なし。三成自ら悪なるがごとく佞なるか如く、彼南京の中使石星・沈惟敬等か利をむさほるの徒を入て文書をくらまし、和議をなさんと欲す。

堀麦水は、石田三成と同様、豊臣秀吉も朝鮮侵略の失敗を予知して心を痛めたと主張し、秀吉の心配を推察した石田三成は、「自ら悪なるがごとく佞なるか如く」振る舞い、和議交渉を進めたのだと推測する。主君のためには進んで悪人になり、世間からどう批判されてもかまわない忠臣。このような石田三成像は、中南米の小説家であるボルヘス（Jorge Luis Borges）が『伝奇集』（Ficciones、一九四四年刊行）のなかの一編「ユダについての三つの解釈」（Tres versiones de Judas）で描く、イエス・キリストが使命を果たせるよう、進んで悪人となってキリストを密告し、その罪によって地獄に落ちることも辞さなかったユダの姿に似ている。なお、このような論理によると、和議交渉を進めた石田三成を悪人・不忠者と批判する『絵本太閤記』の作者は、まさに、石田三成の思う壺にはまったといえるだろうか。

ともかく、和議交渉は決裂し、二度目の朝鮮侵略が起こると、あまりに心を悩ました豊臣秀吉は予想より早く世を去ってしまった。作者は、

朝鮮の軍太閤の御命をうばうの一敵なる事を知らん。（初編巻二十一）

朝鮮陣は太閤の怨敵たるものなり。げにも文禄の異国陣、太閤不意の甚しきなり。朝鮮渡海の諸将苛酷にして、無罪の生民送路に死し、孩子のもの這る死す婦の乳をさかすこくする声八道にみち、無名の軍して（中略）大に陰徳を害するなるべし。異方の軍役に妻子恨みかなしむ声里々に満。（初編巻二十一）

と、壬辰戦争を、豊臣秀吉の命を落とし、朝・日両国の軍民を苛めた戦争であったと評価する。一方、豊臣秀吉の死後、日本軍が無事撤兵できたのも石田三成の「心慮」によるものであると、堀麦水は主張する。

此退口殊の外心やすくありける事、三成か心慮ひとつの相違なく諸将引取。（初編巻二十二）

右の文章に見える「心慮」という言葉は、他のところには「深慮」とも見えて、

三成一身の覚悟より、さしもの家康公、忽ちに秀頼の世を奪ふ事能ず、虚名の主家を立て十四年大坂城中安全たるものは三成か深慮忠心による也。（初編巻二十二）

という文章のように、徳川家康の陰謀に対抗して、豊臣の天下を維持しようとした石田三成の

「真忠」を象徴する。豊臣秀吉の死後、石田三成は「心慮・深慮」して豊臣の天下を保とうとし、また、彼の計画は実際成功する可能性もあったが、それを挫いたのが「閫戦」であったというのである。

太閤逝去の後、石田が術計表裏みな図にあたれり。一ツの嵯洪なし。扨こそわづかの身上をもつて東国の大軍と衡を争ふ。誠に智謀云つべし。勝負の実は閫戦にして、女子の得失に決て、終に東軍にあり。（初編巻二）

以上の内容を要約する。『慶長中外伝』の作者の堀麦水は、壬辰戦争を前後する時期に展開された北の政所と淀君との葛藤（閫中閫戦）が、その後の歴史を決定付けたと分析する。そして、石田三成を悪人・小人物・不忠者とみなす江戸時代の通説に挑んで、彼は、豊臣秀吉や豊臣家への忠臣であると同時に、豊臣秀吉・徳川家康に並ぶ「慶長三傑」であったと主張する。一方、『絵本太閤記』の壬辰戦争記事には、北の政所と淀君との葛藤構図がより典型的に描かれているが、この葛藤構図は、『慶長中外伝』のそれを受け継いだものと見られる。しかし、『絵本太閤記』の作者は、石田三成に対する『慶長中外伝』の見解には従っていない。それは、『慶長中外伝』の石田三成論が、江戸時代の通説とは相異なる、過激なものだったためと思われる。

おわりに

本章では、『絵本太閤記』の壬辰戦争記事に見える、北の政所と淀君との葛藤構図が、堀麦水の実録『慶長中外伝』初編における「閫中閫戦」構想に由来したことを明らかにした。と同時に、石田三成に対する堀麦水の肯定的な評価は『絵本太閤記』には受け継がれなかったことを指摘した。『絵本太閤記』や『太閤真顕記』などに見られる、石田三成に対する否定的な評価は江戸時代の通説であり、独特なのは『慶長中外伝』の方であった。壬辰戦争にはじまり、関ヶ原の戦い(『慶長中外伝』)、琉球征服(『琉球属和録』)、大坂の冬・夏の陣(『慶元摂戦録』)、島原の戦い(『寛永南島変』)に至る江戸時代の初期歴史に対する新しい解釈を提示しようとした堀麦水は、石田三成に対する通説を覆し、そこから得られた新しい石田三成像を自分の歴史小説シリーズのはじまりとしたのである。堀麦水の連作に見られる史観に関しては、これからも論じていくことにしたい。

最後になるが、『慶長中外伝』はとても面白い作品である。作者が提示する新石田三成像も驚くべきであるが、ほかにも魅力的な点がもり沢山で、読み応えがある。現代語訳までは無理だとしても、この素晴らしい写本の歴史小説を抄出し、活字化する作業は有意義であろう。

注

1▼中村幸彦「絵本太閤記に関して」『中村幸彦著述集』(中央公論社、一九八二)。

2▼上保国良「文化元年の出版統制をめぐって―「太閤物」の場合―」『日本大学文理学部研究年報』二七（日本大学文理学部、一九七九年）、山本卓「大坂本屋仲間の開版―『絵本太閤記』をめぐって―」『関西大学図書館報　籍苑』三九（関西大学図書館、一九九四年）など。

3▼内山美樹子『新日本古典文学大系九四　近松半二・江戸作者浄瑠璃集』（岩波書店、一九九六）の解説、山本卓「『絵本太閤記』の諸版」『館報　池田文庫』一四（池田文庫、一九九九）、浜田啓介「『絵本太閤記』と『太閤真顕記』」『読本研究新集』二（翰林書房、二〇〇〇年）、山本卓「菊屋安兵衛の出版動向」『文学』一―五（岩波書店、二〇〇〇年）など。

4▼新潟大学佐野文庫所蔵本（国文学研究資料館のマイクロフィルムによる）。

5▼鹿児島大学付属図書館所蔵本（国文学研究資料館のマイクロフィルムによる）。

6▼濱田啓介「『絵本太閤記』」『読本事典』（国文学研究資料館・八戸市立図書館、二〇〇八年）、金時徳「『絵本太閤記』の壬辰倭乱記事について」『日本学報』六一―二（韓国日本学会、二〇〇四年）、金時徳「『絵本太閤記』と壬辰倭乱作品群」『総研大文化科学研究』三（総合研究大学院大学文化科学研究科、二〇〇七年）、金時徳『異国征伐戦記の世界―韓半島・琉球列島・蝦夷地―』（笠間書院、二〇一〇年）など。

7▼早稲田大学付属図書館所蔵本（国文学研究資料館のマイクロフィルムによる）。

8▼『慶長中外伝』の存在を教えてくださった、福岡教育大学の菊地庸介氏に感謝する。

9▼菊地庸介『近世実録の研究―成長と展開』（汲古書院、二〇〇八年）二三六頁。

10▼中村幸彦「慶長中外伝」『日本古典文学大辞典』、高橋圭一『実録研究―筋を通す文学』（清文堂、二〇〇〇年）、菊地庸介**注9**前掲書（二〇〇八年）。

11▼国立東京博物館所蔵の『伝慶元摂戦録』（江戸末期筆写）がこれに当たるのではないかと思われる。

井上泰至

転化していく戦争のイメージ

絵入軍記・絵本読本は何を語るか

8

近世後期盛んに刊行された絵本読本は、それまで古典絵本・武者絵本等に散在していた武者の表象を、まとまった物語の中に緊密に位置づけた。その先駆的な作品である『絵本太閤記』は、全体の半分に及ぶ挿絵と分かりやすい文章とによって歓迎されたが、それによって壬辰戦争における日本の武威を象徴する人物として加藤清正像が定着していった。一方で、水戸学の影響下にある鶴峯戊申が編纂した『絵本朝鮮征伐記』は、『絵本太閤記』が克明に提示した壬辰戦争像を継承しながら、幕末の時勢を反映した挿話・挿画を付け加えていて興味深い。鶴峯戊申において、壬辰戦争は、過去の一時期に日本の武威が輝かされた事件というにとどまらず、近い将来を見通すための事件として考えられていたのではなかろうか。同じ戦争を扱う絵本読本であっても、欧米列強の接近という事態を挟んで、両者は異なる方向を向いていた。（金）

対外戦争をめぐるイメージ

外国との戦争を可視化した絵入の歴史読み物は、自己と他者についての各々のイメージをめぐる対比を生み、他者を鏡とした自己像を読者に確認させる。もちろん自他のイメージは、文章によっても形成されてくる。しかし、その読み物に絵が挿入され、その分量が文章と拮抗するか、それを凌駕するようになった場合、文章は絵のキャプション(短い説明文)の役割に転じる場合も生じ、むしろ絵自体が本の顔となって、戦争のイメージそのものを決定してゆくようになる。このイメージが浸透すればするほど、それは想像上の、あるいは過去の問題に限定されず、逆に現実の外国との関係と、そこから位置づけられる日本という国の性格を認識する際にも、大きな影響を及ぼす文化的な資源となってゆく。

世界史上も珍しい二百七十年弱にも及ぶ、長い長い平和が続いた江戸時代だったが、その直前に日本側から仕掛けられた文禄・慶長の役についての関心は、絵入の読み物という様式に限ってみても江戸時代を通じて見出せる。この章では、特にその中で決定的な役割を演じた絵本読本『絵本太閤記』六・七編(武内確斎稿・岡田玉山一世画。享和元・二年、一八〇一・二年刊)を中心に取り上げ、この書が可視化し主題化した戦争をめぐるイメージの意味を解読するとともに、その延長線上にありながら、幕末という現実の対外危機が迫った時代に刊行された、同じ絵本読本の『絵本朝鮮征伐記』(鶴峯戊申校・橋本玉蘭画。前編、嘉永六年、一八五三年、後編安政元年、一八五四年刊)において、そのイメージにどのような修正が加えられていったのかを確認し、近代国家の成立に至ってこの戦争のイメージがどのような文脈で再構成されてゆくのか、その予兆と前提の内実を考察することとする。

蓄積された情報の可視化——絵本読本というジャンルの意味

ここで、本論に入る前に、なぜ絵本読本というジャンルに焦点を当てるのか、ことわっておこう。そもそも絵本読本とは、「上方の古典絵本・武者絵本の伝統が、軍談・実録写本の流れと合流して出来た、通俗的な読物で、精細な挿絵を多く配する▼注1」ジャンルである。刊行された軍記でも、江戸前期には仮名絵入のものは多く、『大坂物語』『天正記』『聚楽物語』『北条五代記』の絵入版や『島原記』『太閤軍記』『武者物語』『古老軍物語』『佐々木軍記』『浅井物語』『将軍記』『信玄軍談記』『義氏軍記』などが数えられる。しかし、延宝三年(一六七五)刊行の『北条九代記』を皮切りに『太平記』の体裁・内容にならった『後太平記』『前太平記』『前々太平記』など、続々と刊行される大本・藍表紙・片仮名本文の軍記によって、絵のない様式が定着してからは、このジャンルにおいて、絵入本は傍流となっていた▼注2。

その中で『絵本太閤記』は、演劇や実録で流行していた秀吉ブームに目を付け、実録『太閤真顕記』を種本としてこれを絵本化して大当たりを取り、結果上方絵本ものの濫觴に位置することとなった作品である▼注3。しかも、本文に対する絵の分量は、仮名絵入の軍記と比べて飛躍的に増えた。『絵本太閤記』各冊の、序・跋・口絵・目録・刊記を除く本体の平均丁数は、二三・三丁。そのうち画面は約一〇・四丁、七編全体では、本体部分一九六一丁のうち、画面は八七四丁で、本書全量の45％を画面が占めていて、ほとんど絵本といってよい内容となっている▼注4。絵本読本は、それまで古典絵本・武者絵本等に散在していた武者の表象を、統一した筋立ての中に整然と組み込み、あるいは新たに本文から絵画化することで、まとまった物語の中にその画面を意味付けていった。その意味で、軍記・実録に取材する絵本読本は、戦争物語の可視化という点で最も大きな役割を果たしている。

なお、ここで、絵本読本というジャンルの生成について欠かすことのできない要因の一つである〈図会〉についても触れておきたい。「十八世紀後半に、かなり詳細に紹介されるようになった日本各地の名所旧跡を中心とする解説に、見開きの挿絵を加え、大本仕立てとした、近世地誌の完成形態」が〈名所図会〉である。その始発は、秋里籬島の『都名所図会』（安永九年、一七八〇年刊）であり、その成功から籬島は、軍記物の〈図会〉化にも触手を伸ばし、文禄・慶長の役についても『絵本朝鮮軍記』を出している▼注5。この書は、『絵本太閤記』の成功にあやかろうとしたものであることは容易に推察がつく。というのも、本書は『絵本太閤記』六編が刊行される前年の、寛政十二年（一八〇〇）二月に刊行されたものだからである。

しかし、そのこと以上に今注目すべきなのは、絵本読本と名所図会が軍記・実録を核に隣あわせにあった点である。大きく見れば、『絵本太閤記』以来の、絵本と軍記・実録の融合という現象は、名所図会の成功の流れの延長線上に位置するものとも見ることができる。十八世紀後半から現れはじめる、〈名所〉という文学空間と大きく交わる世界を、絵本化・図会化する作業が大成功をみた結果、今度は対象を変えて、軍記・実録という〈英雄〉の文学世界の絵本化・図会化へと進むのは、ある意味必然であった言うべきだろう。

江戸時代に蓄積されてきた空間・時間にわたる文学的資源を、図会化・絵本化する欲望は、制作・流通の側から見れば、文学的資源や記憶を保存し伝播する基地であった寺社の宣伝、及び出版機構の商業的成功にその要因を求めうる。例えば、『絵本太閤記』各編の序者は、江戸時代、方広寺を管理していた妙法院の関係者たちが主に担当している。秀吉没後二百年を記念したのではないかとの指摘がある本書の序を、豊国社解体後、社宝が移管された妙法院の関係者が書くのはごく自然なことだが▼注6、こういう出版のあり方は、名所に関する由緒や詩文を集成して寺社自身を〈名所〉化する動き▼注7と同一線上にあるものと言って差し支えない。事実、本書の序者の署名の右肩に書かれる官位官職名を枠で囲む様式は、『都名所図会』以来の一連の名所図会の序の様式と同じだという、注目すべき指摘もあるのだ▼注8。

翻って、図会や絵本読本のような、名所・軍記・実録の可視化は、読者の側から見れば、近世になって積み重ねられてきた膨大な名所・軍記・実録の情報を、平易に、整理された形で、かつある程度包括的に入手したいという欲望に答えるものであったろう。当初そういう欲望が意識されないものであったとしても、『都名所図会』『絵本太閤記』の成功は、そういう欲望そのものをあぶりだした面があったからこそ、同様の後続作が生産されていったのである。

「長袖国」朝鮮との対比—「武国」の自己イメージ

これは江戸初期に刊行された絵入軍記から指摘できるイメージである。秀吉自身、朝鮮に攻め入るに際して、日本を「弓箭きびしき国」（文禄元年、毛利家文書）とし、本来の侵攻の目的であった明国を「長袖国」と対比している。これは、日本と朝鮮の国風の相違にも当てはまるもので、ステレオタイプではない。即ち、「士」＝「士大夫」（官僚・読書人）支配の中国・朝鮮に対し、武士の軍事的支配による日本という違いは、今日の歴史学者も認めるところである▼注9。文禄・慶長の役を扱った刊行軍記の始発、堀杏庵編『朝鮮征伐記』（万治二年刊）は絵入本だが、そこに描かれる朝鮮王朝の様子は、文字通り「長袖国」の表象で描かれている。絵本類と比べれば、『朝鮮征伐記』のそれは、中国人とも区別されない「長髭」「長袖」でおおむね一律に描かれている。

しかし、『絵本太閤記』では、巻二に「朝鮮人来朝聚楽城に至る図」で、より厳密に朝鮮人の表象が示されている。天蓋を先頭に、馬の尾やたてがみで編んだ帽子をかぶり、後続にはラッパや笙などを持つ楽隊が確認できる（図1）。これは明らかに、画に定着していた朝鮮通信使の行列の表象▼注10を反映させたものである。本文「朝鮮宦使来朝」でも秀吉が「通信使」を乞う記事が確認できる。対照する形で、同じ巻にある「秀吉公諸侯を集めて朝鮮征伐を議し給ふ図」では、吉祥を象徴する松の州浜を焦点に、烏帽子・狩衣・帯刀の並び大名が秀吉に平服する、武家

図1　『絵本太閤記』六編巻二　8ウ～9オ

図2　『絵本太閤記』六編巻二　14ウ～15オ

図3『絵本朝鮮征伐記』巻之三16ウ～17オ

の威儀が描かれている（図2）。

この構図が、幕末の『絵本朝鮮征伐記』ではどうなるか。巻三では、同じく秀吉の御前で軍議を行っているが、後述するようにこの物語の主役に位置する蛇の目紋の狩衣の加藤清正が先手を乞う図となっている（図3）。本文では、秀吉の外征表明に、まず家康が同意、ついで清正が高声を上げ、秀吉の提案を神功皇后以来の壮挙と賛嘆し、先兵を承って朝鮮王を捕らえ年貢を納めさせると大言を吐く。こうした場面は、『朝鮮軍記大全』（宝永二年、一七〇五年八月自序）あたりから確認できるが、明確にこれを画像化しているのは、後述するように、口絵の段階から清正を主役として焦点を当て、対する敵役の小西を悪玉として強調する、本書の編者の姿勢を反映したものだろう。

巻四には唐入りの先導を努めよとの秀吉の言

図4　『絵本朝鮮征伐記』巻之四3ウ〜4オ

をもたらした、黄允吉・金誠一の両使を中心に、朝鮮王李昖の御前で、長袖の諸臣が対策を論じる図が配されている（図4）。ただしキャプションにもあるように、「諸臣朝参して一たびは怒り一たびはおそる」とまとまりを欠き、対応できない朝鮮の情勢が縮図化されている。この戦争の前半、日本軍に圧倒され、漢城・平壌まで陥落、鴨緑江近くの義州まで追い詰められて明に救援を求める朝鮮国の弱体ぶりは、覆うべくもない。朝鮮側でも、その「忘戦」を反省して書かれたのが柳成竜の『懲毖録』で、日本でも元禄八年（一六九五）正月、貝原益軒の序を配し、本文に訓点を付けて刊行されている。これが江戸中期以降の朝鮮軍記物に大きな影響を及ぼしたことは既に指摘がある▼注11。益軒は、戦を忘れた朝鮮も、武に貪欲すぎた秀吉も共に敗者

図5『絵本朝鮮征伐記』巻之一10ウ〜11オ

であるという見方を示して、徳川政権下のこの戦争への認識の主流を占めることとなり、朝鮮側の「忘戦」は固定したイメージとなった。『絵本朝鮮征伐記』では、口絵で朝鮮王の淫楽を描き（図5）、本文では秀吉の使者橘康広に対する饗応の過程で、朝鮮の「安楽」「色欲」「放埒」を強調する。この戦争を扱った物語における朝鮮人表象は、武国「日本」を際立たせる「鏡」として、機能していた面が大きかったのである。

英雄像の確定―加藤清正

『絵本太閤記』はその書名の通り、太閤豊臣秀吉の出世譚を核とする読み物であるが、六・七編に限って言えば秀吉の影は薄い。それも当然で、秀吉自身は朝鮮に渡海して自ら指揮をしたわけではないので、物語の後衛に退きがちとなる。それと入れ替わって、朝鮮での戦いにおいては、加藤清正が主役にせり上がってくる。もちろんそうした傾向は、『朝鮮征伐記』『朝鮮太平記』『朝鮮軍記大全』など先行作にもうかがえるのだが、『絵本太閤記』は、序に続けて、清正の図像を掲げる（図6）。この図は清正が葬られた肥後本妙寺の什物であり、毎年七月虫払いを兼ねて公開されるものを写した。馬上の清正は、蛇の目の長烏帽子に長柄の槍を抱える。さらに、画賛に変わって、朝鮮国王が秀吉に送った書状を掲げ、そこには清正を「君子中の君子」と称えて、朝鮮の僧が日本軍の陣中に潜り込んで清正像を写し、これを漢城の南大門外の蓮池で掛けたことを伝える。清正はその勇武のみならず、為政者に必要な「仁」者たる点でも、敵から称賛される存在として紹介されているのである。

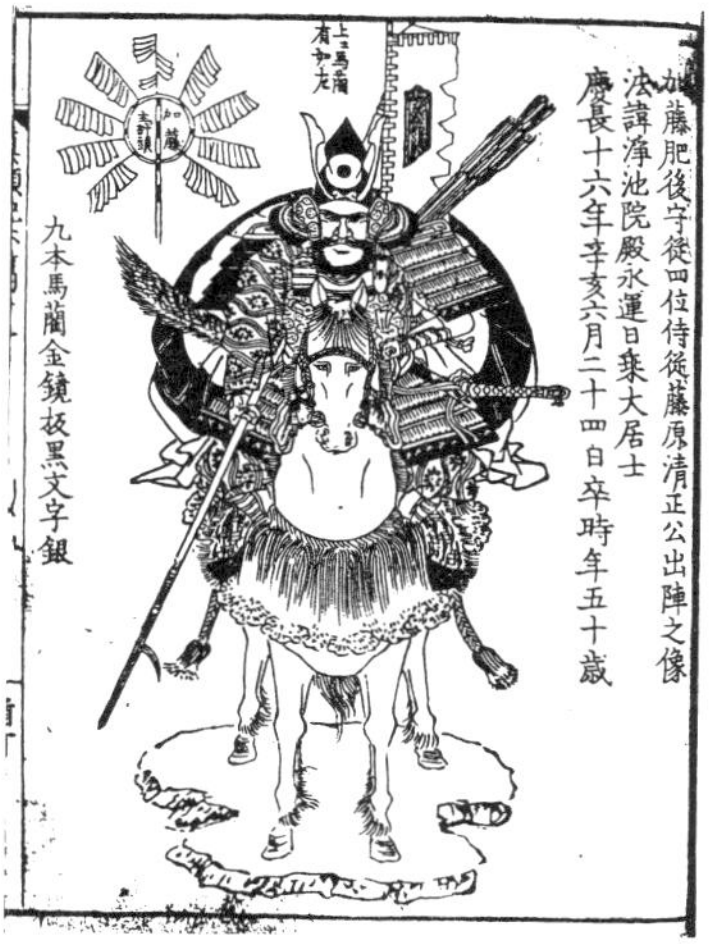

図6 『絵本太閤記』六編 口絵

確かに本文においても、清正は、小西行長の配下が朝鮮人女性を拉致しようとするのをとどめて、これを解放して朝鮮の庶民を帰服させ（六編巻三、図7）、同じく小西の手の者が強姦・略奪を働けば、小西にかけあってこれを制し、「南無妙法蓮華経」の旗は朝鮮の民に崇められている（六編巻四、図8）。清正は、この

図7　『絵本太閤記』六編巻三20ウ～21オ

戦争の正義を体現する存在として活躍してもいたわけだが、それを集約したのが、冒頭掲げられた図像であった。

清正の勇武を画像化したものとしては、有名な虎退治（六編巻九、図9）や「鬼将軍」の「威名」を象徴してそれを見ただけで朝鮮側が慄いた「南無妙法蓮華経の大旗」がある（六編巻八、図10）。特に後者には、「清正公《せいしょうこう》」と呼ばれて日蓮宗信仰の対象となった清正像が反映していたと見るべきであろう。そこでは主に束帯姿で上畳に座るか、あるいは蛇の目紋の長烏帽子に甲冑姿で長柄の槍を立て床几に腰掛ける姿の画像が拝まれ、背後には必ず髭題目「南無妙法蓮華経」の旗が描かれる、という▼注12。演劇では既に浄瑠璃『本朝三国志』以来脇役としては登場していたが、本作刊行に近い寛政八年（一七九六）十一月、大坂豊竹座上演『鬼上官漢土日記』（近松柳助ら作）で

図8　『絵本太閤記』六編巻四15ウ～16オ

図9　『絵本太閤記』六編巻九8ウ～9オ

図10『絵本太閤記』六編巻八21ウ~22オ

は、はじめて主役として登場、朝鮮での活躍と大地震で伏見城にかけつけ秀吉の勘気がとけた「地震加藤」の場が演じられ、翌年一月大坂・中の芝居上演の歌舞伎『けいせい遊山桜』(辰岡万作ら作)では、清正毒殺の巷説に取材しており、実録の盛行によって加藤清正への関心は集まってもいたろうが、画題としては、「清正公」像の反映をまず第一に挙げるべきであろう。

幕末の『絵本朝鮮征伐記』に至ると、その初編口絵に関羽の霊にも認められる清正への賛を付した(図11)後、一丁分飛ばして、小西行長が功の独占を目論んで、和平交渉を密議する像(図12)が対照的に描かれ、本文では巻十五で小西自身、和平交渉の二枚舌が露見して秀吉自身から勘気をこうむっている。『絵本太閤記』のように悪女淀君の差配で和平交渉を行う「悪」▼注13が、小西一人に集約されている。太閤

図11『絵本朝鮮征伐記』巻之一11ウ～12オ

の一代記たる『絵本太閤記』では、お家騒動的人物布置の中で、淀君と石田三成・小西行長の悪のグループ化がなされているが、『絵本朝鮮征伐記』は、戦争そのものに焦点を当てた読み物であるため、功を焦って外交に暗躍する愚将小西という造型になっているのである。後編の口絵では、まさに「清正公」像そのものの、蛇の目紋の長烏帽子に甲冑姿で長柄の槍を立て床几に腰掛ける姿の背後に、髭題目「南無妙法蓮華経」の旗が描かれる図（図13）が掲げられている。

以上、宗教的カリスマの像を援用して、虎之助の幼名を持つ清正が、異国の猛獣「虎」を退治することに象徴されるように、異国に「武威」を輝かし、かつその「仁」なる人格で敵をも心服させる善玉ぶりが、この戦争の正義を体現する存在としてふくらみ、画像化

図12『絵本朝鮮征伐記』巻之一 14ウ～15オ

してゆくのには、やはり『絵本太閤記』の存在が大きかったことが確認できる。

ナショナル・シンボルとしての富士―満州からの眺望

唐土に不二あらば今日の月も見よ　素堂

（『曠野』）

不二晴よ山口素堂のちの月　白雄

（『しら雄句集』）

富士山にまつわる表象の問題は、大変な広がりを見せ、これだけで十分一書に値するテーマであるが、この山が「日本」そのものを象徴する山としてイメージされるのは、富士山を望む江戸が政治・文化の中心となり、参勤交代や商業・参詣・遊行の旅を通じて視覚体験されるようになる江戸時代からだ、と言われている▼注14。中世以前は東国の名所の一つに過ぎなかったこの山が、日本全体の象徴となり、やがては「三国一」の山として、あるいは日本守護の名山としての認識が生まれるのは、まずはそうした政治的・社会的変化を受けた共通経験がもとになっていよう。

掲出した山口素堂（一六四二〜一七一六）の句は、旧暦九月十三日夜の月を観賞することが、八月十五夜の名月と異なり、日本独自の風習とされ、平安時代の宇多法皇から始まるという説を受け、このように美しい山も月もはじめて見る外国人を感動させるはずだとの、日本自慢をしてみせた句である。後の句はそれをふまえた江戸中・後期の加舎白雄（一七三八〜一七九一）の句で、素堂のこの句がいかに知られていたかを物語るものである。甲州の造り酒屋の出で、江戸で林家にも出入りし、一時仕官までした素堂や、上田藩士の家柄とはいえ深川に生まれ江戸詰の長かった白雄は、武家あるいはそれに近いところにいた人物であることも注意を要する。素堂句にいう「唐土」の「不二」とは、想像上のことではなく、加藤

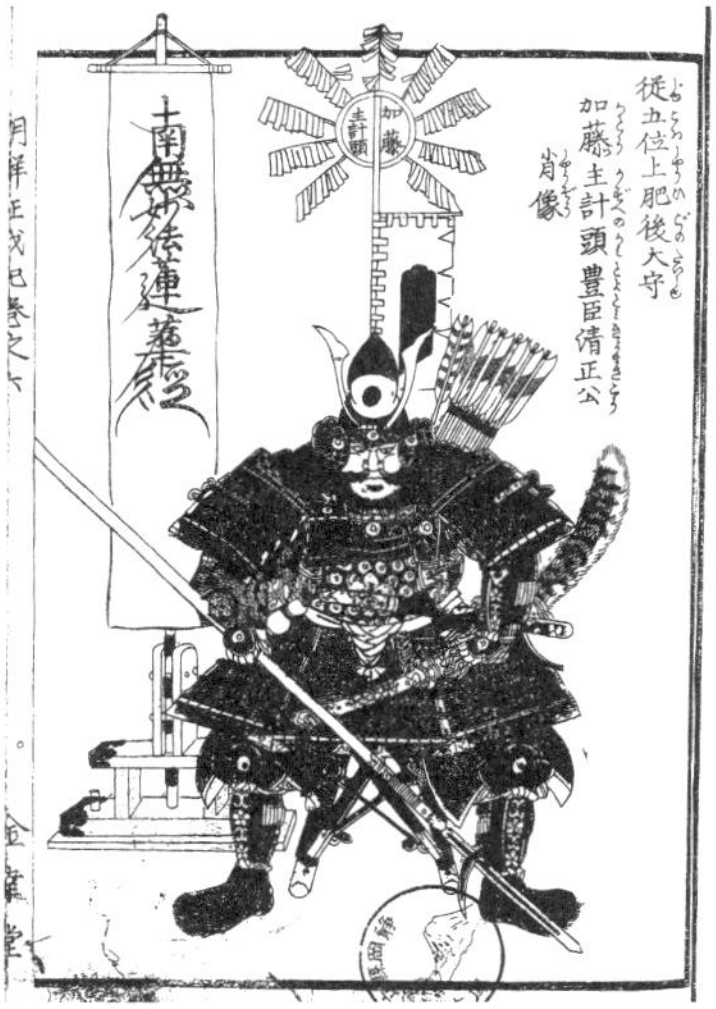

図13『絵本朝鮮征伐記』後編　口絵

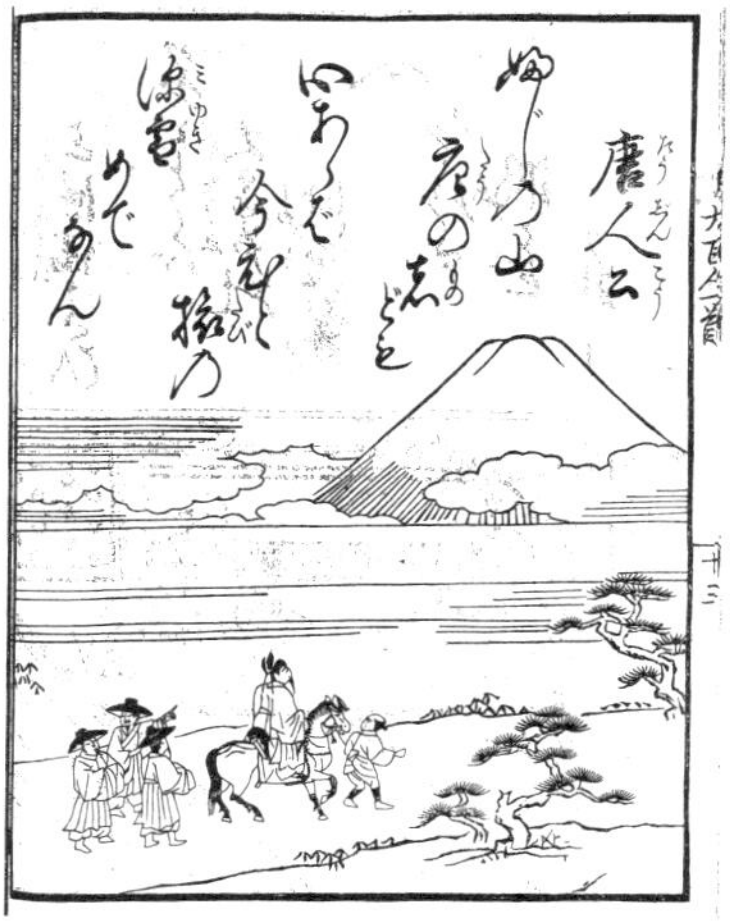

図14『犬百人一首』13ウ〜14オ

清正が朝鮮侵攻における北限である兀良哈《オランカイ》で、松前の流民後藤二郎から見えると伝聞された富士の可能性がある（第6章参照）。管見の範囲では、この記事は、早くも寛永二年（一六六二）序の宇佐見定祐『朝鮮征伐記』に見えるのである。この話柄はその後、『清正記』（寛文三年、一六六三年刊）にも載り、流布していったから素堂がこれを知る可能性は十分あった。

既に謡曲「富士山」では、徐福伝説をふまえ、唐土人が不老不死の仙薬を求めて富士を訪ねる設定となっており、異国人の富士見は伝承の世界で定着をみせていたが、朝鮮通信使や琉球使節がここを通ったことが、以下のような設定を生むようになる。

唐人公

ふじの山唐の者ども心あらば

今ひと旅の深雪めでなん

（『犬百人一首』寛文九年刊）

図15『絵本太閤記』六編巻五19ウ～20オ

挿絵は、富士の威容に唐人公一行もしばし心打たれる図（図14）で、通信使らの通詞を務め、林家にも近かった素堂には、こうしたイメージもあった可能性が高い。そして、朝鮮よりさらに北の異郷でも富士が見えるという言説は、富士の霊験の加護が遠く兀良哈まで及び、清正の外征そのものを保障する想像力を掻き立ててゆく基盤となっていった▼注15。

『絵本太閤記』の兀良哈富士見は、『朝鮮太平記』の記述を受けてか、清正自身が伝聞でなく富士を望見している（図15、六編巻五）。また、この説話がもともと松前の流民の通訳によるものであったという説のあることからの設定であろうが、本文では兀良哈の民の家の屋根は昆布で出来ていたとあり、それは蝦夷地との海上交易、特に昆布・荒布《あらめ》の流通で本書が出版された大坂でも御馴染みであった表象をここに転用し

図16　『絵本朝鮮征伐記』巻之九5ウ〜6オ

たものだろう。蝦夷と満州を一括する地理感覚の荒唐無稽さには、今日の目からみて驚きを禁じえないが、林子平が『三国通覧図説』（天明六年、一七八六年刊）でわざわざ兀良哈から見た富士は利尻島であると考証している点からも、朝鮮の北辺と蝦夷の北辺は今以上に近い地理感覚で捉えられていたのだろう。

　さて、『絵本太閤記』を通して完全に画題化した兀良哈富士見は、北斎の有名な「富嶽百景」にもみえ、その北斎は「琉球八景」のうち三景にも「富士」を書き込んでいる▼注16。ここまでくれば、富士は単なる「名所」を越えて、日本の領域を保障し象徴するイコンとして定着しつつあったことが確認できよう。

　『絵本朝鮮征伐記』巻九（図16）で興味

図17 『悦贔屓蝦夷押領』18ウ〜19オ

深いのは、兀良哈の「漁民」の描写が、江戸中期以降に描かれたアイヌやロシア人の表象と一致する（黄表紙・恋川春町作画『悦贔屓蝦《よろこんぶひいきの》夷押領《えぞおし》』（天明八年、一七八八年刊）・図17）点である。異国船の出没や北辺の騒動は噂として入ってきたようだが▼注17、文禄・慶長の役の絵物語にそういう当代の関心を重ね合わせる視線がここには見てとれる。これは次節の内容とも関連するものである。

古代の復活

『絵本朝鮮征伐記』の、『絵本太閤記』と比べての大きな特徴は、文禄・慶長の役の物語に入る前に、神功皇后の三韓「征伐」が一定の分量を割いて描かれている点にある。それは何故であろうか。本書の編者は水戸に仕えた国学者・洋学者の鶴峯戊申である。その序では、「東方」

の「神州」たる我が国こそ、中国・朝鮮・西洋に優越する「神聖」の出自たる「郷」であり、「道」・「教」があるという。秀吉は、唐入りを志し、それに従わない朝鮮を討った点で、「皇華之尊」を知らしめた人物として評価されている。それはまた、神功皇后の三韓「征伐」とその後の朝鮮の日本への朝貢、という歴史的「事実」によって、その正当性が保障されるともいう。本書においては、秀吉の挙は水戸学的神国思想によって、評価されるべき物語なのである。

既に濱田啓介は、『扶桑皇統紀図会』（前編嘉永二（一八四九）年、後編同三年序。山田案山子作、柳斎重春画）、『大日本国開闢由来記』（安政三（一八五六）年、平野元良作、国芳画）、『（和気清麿一代記）本朝錦繡談図会』（安政六年、池田東籬作（序による）、梅川東挙画）などの図会や読本を取り上げ、皇国思想の顕著な披瀝の傾向や、江戸時代を通じて見られた豊臣氏を取り上げることのタブーの意識が消えて、秀吉を手放しで日本随一の英雄と誉める点などを指摘する▼注18が、『絵本朝鮮征伐記』の序もその流れにあるものと断じて差し支えない。

『絵本朝鮮征伐記』本体の挿絵には、この序の意識がどう反映していると考えうるか。本書は『絵本太閤記』に比べて、挿絵が少ないが、その中で目立つのは海戦の画である（巻四「藤堂佐渡守高虎朝鮮の番船百余艘を乗とり唐嶋を放火して首百余級をとる」・図18）。掲出場面の他にも巻五には、「加藤左馬助嘉明一手の従兵にて朝鮮の番船数十艘を乗取る」「小西摂津守行長釜山浦の城を攻落す」など海戦図は集中する。それも『絵本太閤記』のように図会と近しい俯瞰図ではなく、戦闘をリアルに表現すべくクローズアップした構図が特徴である。江戸末期の浮世絵の構

図18『絵本朝鮮征伐記』巻之四18ウ～19オ

図の影響とともにやはり異国船の出没という時勢を反映したものか。そしてその海戦の勝利は、三韓征伐における「神力」によって保障される。巻二では、「皇后三韓御征伐のとき、楼船三千余艘をうかめ、諏訪住吉の御神を始め奉り、海神御船の左右を守護し奉りしかば、風雨のわざはひなく彼国にいたり、龍神より奉りし干満二珠の神宝を以て夷賊を一時に征討し給ふ」とのキャプションの付いた海戦図が配されている（図19）。

同じ巻二には、古代の猛将「巴提使《はでし》童僕を虎に喰殺さる足跡を尋ねてその虎を打殺す」という、同時期の武者絵同様の、大胆で力感のあるアップの構図の絵が配されている（図20）が、これなど清正の虎退治の先例をなすものであろう。

こうした文禄・慶長の役と古代との重ね合

図19『絵本朝鮮征伐記』巻之二5ウ〜6オ

わせは、武者絵で名をなした歌川国芳などの浮世絵にも見られる。浮世絵では、清正像は、主に『絵本太閤記』から取材しつつ、朝鮮攻略のため大船で家臣ともども同地へ渡海する様を武内宿禰にとりなしてみたり（国芳「武内宿禰」嘉永三年（一八五〇）ごろ▼注19）、虎退治を膳臣巴提便《かしわでのおみはてべ》や和藤内にとりなしたりする（国芳「和藤内虎狩之図」）。清正の名を出さないことは、『絵本太閤記』が禁令に触れて絶版になっていた時代の配慮であったのだろう。『絵本朝鮮征伐記』における古代の復活もそうした武者絵の約束事と想像力を受けたものでもあるのだが、序文の意識と対応させてみれば、本書冒頭の三韓征伐記事は、本話の秀吉の侵攻を、神話的・道徳的に保障するものとしても機能していたと考え得るのである。

図20『絵本朝鮮征伐記』巻之二12ウ～13オ

結語

明治になって、文禄・慶長の役は、絵本・浮世絵・歌舞伎にも盛んに取り上げられ、清正の軍神化は進んで行く。その帰結は、日清戦争期の新聞小説や、明治四十二年（一九〇九）の清正没後三百年祭に確認しうるが、前者については第10章を参照されたい。

注

1▼飯倉洋一「濫觴期絵本読本における公家・地下官人の序文」（「江戸文学」四〇、二〇〇九年五月）**注1**。

2▼井上泰至「近世刊行軍書年表稿」（「江戸文学」四一、二〇〇九年一一月）。

3▼山本卓「I―ii　上方＝〈絵本もの〉読本の広がり」（『読本事典』笠間書院、二〇〇八年二月）。同「『絵本太閤記』の諸版」（「館報池田

文庫」一四、一九九九年四月）

4▼濱田啓介「Ⅰ―iii　『絵本太閤記』」（『読本事典』笠間書院、二〇〇八年二月）。

5▼長友千代治「上方読本の展開」（横山邦治『読本の世界　江戸と上方』第二章、世界思想社、一九八五年）。山本卓「Ⅰ―ii　上方＝〈絵本もの〉読本の広がり」（『読本事典』笠間書院、二〇〇八年二月）。

6▼**注1**。

7▼岩橋清美「伏見稲荷社における社記・由緒記編纂と名所の創出」（「江戸文学」39、二〇〇八年一一月）。

8▼**注1**。

9▼朝尾直弘『天下一統』（大系日本の歴史8、小学館、一九八八年）、渡辺浩『東アジアの王権と思想』（東京大学出版会、一九九七年）。

10▼ロナルド・トビ「描かれた異国人」「朝鮮通信使行列を読む」（『「鎖国」という外交』第四・五章、小学館、二〇〇八年）。

11▼崔官「朝鮮軍記物の展開様相についての考察」（「語文」一一八、二〇〇四年三月）、金時徳「近世文学と『懲毖録』―朝鮮軍記物（壬辰倭乱作品群）とその周辺―」（「近世文芸」八八、二〇〇八年七月）。

12▼田中青樹「民衆信仰としての清正公信仰」（「名古屋市博物館研究紀要」二三、二〇〇〇年三月）。

13▼金時徳「『絵本太閤記』と壬辰倭乱作品群」（「総研大文化科学研究」三、二〇〇七年三月）。

14▼ロナルド・トビ「通詞のいらぬ山―富士山と異国人の対話」（『「鎖国」という外交』第六章、小学館、二〇〇八年）。

15▼**注14**。

16▼**注14**。

17▼高橋圭一「『北海異談』について―講釈師の想像力―」(『実録研究　筋を通す文学』清文堂出版、二〇〇二年)。
18▼濱田啓介「幕末読本の一傾向」(「近世文芸」六、一九六一年五月)。
19▼姜徳相『錦絵の中の朝鮮と中国　幕末・明治の日本人のまなざし』(岩波書店、二〇〇七年)。

〈補記〉図版の所蔵先はそれぞれ以下の通りである。
『絵本太閤記』　新潟大学図書館佐野文庫。
『絵本朝鮮征伐記』　静岡県立図書館葵文庫。
『犬百人一首』　大阪市立大学学術情報総合センター森文庫。
『悦贔屓蝦夷押領』　都立中央図書館加賀文庫。

9

井上泰至

「復古」と「維新」はどう意味づけられていくか

幕末の武家説話から見える歴史認識

東アジア共同体論が盛んに行われる中、宋代に現われた新儒学を以て東アジア諸国の共通性を主張する議論がある。しかし、東アジア三国（あるいは四国）の各地域で議論された儒学の内実は、いわば、同床異夢であった。「朝鮮の独立」、「征伐」、「アジアの平和」などといった言葉は、それぞれの地域で全く違う脈絡で理解された。日本の場合、この言葉は、西洋列強の接近という恐怖に端を発して、日本が生き残るための模索の中で新しく意味づけられ、「大日本帝国」形成のスローガンの一つになっていったのである。その流れを担う中核は、軍事政権だった日本では主に武士であったが、前例を尊重する東アジア共通の歴史観のもと、彼らは前例となる事件や人物を求めた。それが壬辰戦争であり、豊臣秀吉らであった。近代日本の侵略志向性を指摘する議論は多く行われてきたが、その根底には西洋から危害を蒙るかもしれないという被害意識があり、それが過去の事例を復活させ、日本による周辺諸国への侵略を、「征伐」として正当化していったことには注意しなければならない。（金）

決起を促す歴史ー天狗党の檄文から

水戸天狗党といえば、開港された横浜を閉鎖すべく、幕府に攘夷を迫るため武力蜂起し、京都へ向かうも、同じ水戸出身の一橋慶喜からまで追討を受け、ニシン倉の劣悪な環境での投獄を経て半数以上が斬首され、家族まで皆殺しにあった、その凄惨な末路で記憶されている。『天皇の世紀』をはじめ、大佛次郎が何度も小説化を試みていて、その経緯を知る人もあろう。

しかし、日本の近代化（欧米化・民主化・通商国家化）の明るい面に焦点を当てる司馬遼太郎、あるいは、日本人自身による近代化の「成功」という視点を文化的宣伝資源とし、安保闘争後の日本に保守的ナショナリズムを養成しようとしたライシャワーに代表される六十年代のアメリカ日本研究、さらにはその流れに位置した同時期の保守派知識人（高坂正堯など）の論調等、この三つの潮流に陰に陽に影響を受ける多くの日本人▼注1は、彼らを「鎖国」にしがみついた時代遅れの存在として、歴史の彼方に忘却しつつある。むしろ「歴史」として一般に浮上するのは、坂本竜馬に象徴される「身分や旧弊からの自由」「海洋・通商国家構想」「進取の気性」を具現化した「英雄」である。

眼を現代の日本から当時の東アジア全体に向けると、「洋夷」を軽蔑し、排するという点で言えば、当時の中国や朝鮮の立場は、同じベクトルを向いていたから、「攘夷」の心情はより理解されたかも知れない。しかし、また天狗党の歴史認識は、中国・朝鮮との関係において、全く相容れない点もあった。彼らの志は、その檄文に残されている。そこには、革命的行動を促すこの手の文章一流の、今立ち上がらなくてどうするのか、という危機感と高揚感に満ち溢れているが、その冒頭では、日本国のアイデンティティーについて、次のように述べている。

尊王攘夷は神州之大典なる事、今更申迄も無之候得共、赫々たる神州開闢以来、皇統綿々御一姓天日嗣を受嗣せられ、四海に君臨ましまし、威稜之盛なる実に万国に卓絶し、後世に至ても北条相州之蒙古を鏖《みなごろし》にし、豊太閤之朝鮮を征する類、是皆神州固有之義勇を振ひ、天祖以来明訓を奉ぜし者にして、実に感ずるに余りあり。

（「挙義ノ檄文」）▼注2

もちろん、ここには会沢正志斎の『新論』を筆頭とする後期水戸学のテクストからの影響が甚だしい。それについては当然後で触れることになる。しかし、自らの非合法的軍事行動の目的を、秀吉の朝鮮攻略と重ね合わせるこの一文は、歴史の証文を取り出してきて自己の論を正当化するような、単なる御用学者や政治担当者の所為とは同一視できない。檄文の、「内憂外患日増に切迫致し」「神州汚辱危急今日より甚だしきは無之」「不及ながらも一死を以国家を裨補し」「徒に神風を待候儀実に神州男子の恥ならずや」「神州之威万国に輝候様致度」という文言からは、むしろかつての「英雄」的行動を自らに重ね合わせる「熱」を帯びた、共鳴者を喚起しようという意図も見て取れる。共鳴には、時代の精神に呼びかけ奮い立たせるものがなければならないが、その先例として秀吉の朝鮮攻略は、最も近い日本人の歴史の先例として挙げられているのだ。まずは、その時代の心から見ていこう。

英雄待望と東アジアへの視線

一般に攘夷派の対極に位置するのは、洋学者だと見られている。ところが彼らの中にも、秀吉の行為を英雄視する言説は確認できる。大槻磐渓（一八〇一～一八七八）は、仙台藩の蘭学者の家に生まれ、儒学と蘭学を修め、西洋砲術に進んで、洋式軍学の徒となった。ペリーの来航に際してはロシアと結んでイギリスを排する海防策を具申した。日米和親条約締結後は外事の政務から解放され、そこで戦国から江戸前期の武将説話を漢文で書き、集成した。それが『近古史談』（安政元年稿、元治元年刊）である▼注3。そこでは、秀吉の朝鮮攻略を、手放しで誉めている。

開城府に籠った小早川隆景が、家臣を名護屋の秀吉に送って、十万人の増援を要請する。そうすれば鴨緑江を渡って、北京を抜くというのだ。秀吉はこの要請を壮大であると誉め、徳川家康と前田利家に向かって、自分が死んでも秀次が遺志を継ぐが、自分の魂は大きな鉄の楯となって明国四百州の敵を一もみに圧すると予言する。磐渓は、『良将達徳鈔』から引いたこの記事について、以下のように述べている。

朝鮮の役についてとやかく言う者は多い。大英雄が泰平の世に居合わせれば実力を発揮できずに、外征を行おうとするのも、もっともだ。主将に適当な人物を得ず、朝鮮の状況にも暗く、秀吉も老齢であったことを勘案すれば、結果が不始末だったのは仕方ない。もう五、六年前に秀吉自身が指揮をとっておれば、朝鮮をあっという間に滅ぼし、鴨緑江を渡って、明を倒したことであろう。清のヌルハチの出る幕もなかったろう。世界の英雄と言えば、元のフビライ、マケドニアのアレキサンダー、フランスのナポレオンと、この秀吉で、秦の始皇帝や漢の武帝はその中には入らない、と（巻二　豊編第二　征韓之役）。

手放しの誉めようである。幕末、検閲の力の低下もあって秀吉への評価は上がってきた。しかし、それだけではない。英雄への待望が時代の精神だったのである▼注4。本書執筆の動機は、外国船の来航による動乱時、「太平の遊惰を鞭策して、士気を鼓舞する一助」（「近古史談叙」）とすることにあった。

ことはこうした漢文や漢字片仮名混じり文で書かれた武家説話に止まらない。幕末の絵本読本や錦絵には、朝鮮攻略を題材にしたものが増加してくるが、洋学と国学の双方を修め、水戸藩に仕え、徳川斉昭の諮問にこたえて西洋との通商を説いた鶴峯戊申（一七八八〜一八五九）は、自ら友人菊池春日楼の本分を校正し、橋本玉蘭に絵を描かせた『絵本朝鮮征伐記』初編（嘉永六年春）の序で、日本軍の無道を反省しつつも、加藤清正には仁・勇ともに備わり、彼を主将としておれば、明国を掌中に収めたであろうとする。三韓征伐の先例から朝鮮攻略を正当化したり、小西行長を重用した秀吉の不明を惜しんだり、文脈は磐渓とは異なるが、明をも攻め取ることができた可能性を惜しむそのまなざしは、同じである。こうした大陸への積極的な視線は、雅文芸の領域に止まらず確認できるのである。

歴史的記録の世界ではどうか。太田一吉に仕えて実際に朝鮮の役に参加した大河内秀元の記録『朝鮮物語』（寛文二年自跋）も、朝鮮征伐ものの流行を受けて、嘉永二年に刊行されているが、序を書いたのは、儒学者で詩文でも名を取り、「海防備論」を著し、「新政談」を水戸の徳川斉昭に建白して、勤皇の活動にも関わり、安政の大獄に連座した藤森弘庵（一七九九〜一八六二）である。彼はもう少し陰影に富んだ評価を下している。朝鮮の役が故無き戦で、多くの味方の命を奪い、国力を疲弊させ、結果豊臣家の滅亡を招いたことは認めるが、その武威は、西洋諸国が日本を狙いつつも容易に攻めようとしない抑止の効果を生んでいる。その意味で秀吉の行為に義はないが、功はある。さらに、書中に見られる将士の屈することなき「忠勇義烈」は読むに値するものである、と。秀吉自身の評価については厳しいが、結果として残った「武威」は歴史的に評価できるし、当今の武士は勇敢に戦った将士を見習うべきだ、というのだ。秀吉の評価は別れるが、危機の時代、武士の精神を思い出せという立場から、戦国の武将の活躍に学ぼうという点と、我が国の武威を発揮したことを評価する点は、磐渓と変わらない。

外交ブレーンの評価の変化

磐渓が引用した武士説話『良将達徳鈔』（文政十年序、天保二年書後）の編者古賀侗庵（一七八八〜一八四七）は、弘庵の師にあたる。寛政の改革で江戸時代後期の「政教」、すなわち、幕府・旗本の教育機関となった昌平坂学問所のなかで、直接教育に携わった古賀精里・侗庵・謹堂の三代は、直接には幕臣に、さらに間接的には諸藩の武士に強い影響力を持ち続けた。また、彼らは幕府の外交政策のブレーンとして、対外的危機に対して当時としてはハイレベルの情報を収集し、献策と文書作成を行ってきた▼注5。その中心に位置する侗庵は、朝鮮の役をどう考えていたのだろう。

眞壁仁▼注6によれば、彼の東アジア認識は、中国の華夷秩序観とも、それを武国日本の文脈で読み替えた日本型華夷秩序観とも異なっていた。彼は中華を中国の「中原」に限定することはなく、また自国を「中華」とすることをも批判した。彼にとって、中華の条件は、道徳と軍事の両面での卓越にあり、西洋諸国の接近によって、そういう帝国の存在は、日本を含めて東アジアに存在しないとの流動的・相対的な認識があった。全国の藩士・学者が集まる昌平坂学問所にいて、琉球を経由して入ってくる清国軍の綱紀の乱れを知り、かの国の中華意識を「自大」と批判的に見ていた。それに比して、日本は「上下一意」「士風」「万世一系」にその優秀性を求められるものの、水戸学派のように自らを「神州」「大日本」と名乗ることはない。彼は欧米諸国に劣る水軍・火器の向上を再三唱えており、「武備」において現実認識を持つものであったからだ。

興味深いのは、朝鮮の役への認識の変化についての指摘である。文化八年（一八一一）の、結果的に最後となった朝鮮通信使を父精里が迎えるに当たって、荻生徂徠や新井白石がかつて「好勝之心」を以って無礼に対応したのを戒め、「謙」と「礼」を尽くしたと評価する。従って、秀吉の朝鮮攻略についても、「道に足ること無し」と道義的批判を加える。その一方で、この戦争によって結果的に得た日本の「威稜」は諸外国に対して、日本の独立を維持するのに役立ったと評価もする（「豊王征韓論」文化六年「侗庵初集」巻二、「豊太閤征韓論」文政十年「侗庵三集」

巻九）。この認識は先に紹介した弟子の藤森弘庵にも受け継がれてゆくものであった。

ところが、西洋諸国の覇権争奪という世界観を得た天保期（一八三〇年代）に至ると、武威の面に光が当てられ、秀吉は「世の英雄」とされ、朝鮮は「小夷」として「歯牙」にもかけない存在に転落し、今や実行は機を失して実現不可能だが、「烈祖・豊太閤之英武」をもって、欧米の手垢のつかない土地の「経略」の「大志」が披露される（「新論」一二〇、「海防臆測」九・一七・三四）。列強の富国強兵の現状を知って、朝鮮は善隣の好を通じる相手から脱落し、同時に朝鮮攻略は評価の対象となって浮かび上がってきたのである。このあたりの認識は、侗庵の紹介で林家に入門し、文芸結社海鷗社の同人でもあった大槻磐渓のそれと同方向のものである。

彼の漢文武家説話集『良将達徳鈔』ではどうだろう。文政十年九月の序文では、こう述べている。慶長元和の戦国の武将の「武道」は、「人材」を夥しく輩出した。それが「海外」をも「雄視」させるに至る。これは神武・神功皇后以来の我が国の武徳の中興と位置づけられるが、翻って近年の「士風」は汚れ、「武道」は「寝衰」し、「憂世之志」を抱えるに至った。これが「西土」より美なる「士風」の鑑である、戦国武将の活躍を集成した本書の執筆意図である、という。

さて、朝鮮の役関係の記事で、最初に目につくのは、巻三「朝鮮渡海の評議によりて浅野弾正諫の事」で、長年の朝鮮在陣に日本軍の士気が下がったことが秀吉に報告されると、前田利家・蒲生氏郷とともに秀吉自身が渡海して朝鮮はおろか明国も征服すると息まく。これに対して浅野長政は秀吉を狐つき呼ばわりして、朝鮮・明に何の罪もないのに兵を起し、朝鮮在陣の将はむろん、日本の民をも疲弊させている無益の戦争であり、国内の一揆や外敵には留守居を命じられた徳川家康だけでは持ちこたえられないと諫言し、秀吉も一旦は刀に手をかけるが、利家・氏郷のとりなしで思い止まり、その後は冷静となって、罪を被らなかったという、『岩淵夜話』に取材した話である。侗庵も浅野の論を「至当」で「仁人之言」とこれを評価する▼注7。

対照的なのは、巻九の「豊太閤征韓之挙清正之一言より始る事」である。鶴松の死に鬱屈する秀吉に戦争を勧めたという『古老夜話』に取材した記事で、『高麗陣日記』も引く。これについて侗庵は、日本・朝鮮双方の戦死者の多さや、民の困窮・流浪を指摘して、加藤家の子孫が絶えたのは、後の「天譴」を受けたとその「罪」を指摘する。ただし、清正の言の敵を呑む「猛気」には「一長」ありとする。補遺に収められた「太閤朝鮮に渡海せしむべき援兵なきを嘆き給ふ」も同じ位置づけができる。秀吉は十万の援軍を得ないため朝鮮の戦況を好転できないことを知ると、涙を流して小国に生まれあわせたことを悔しがったという話で、『武辺咄聞書』に取材したものである。侗庵は、朝鮮の役を「逆施妄行」と否定しながら、彼の志の大きさには、永遠に並ぶものはないと認めている。

士道の再生への渇望

古賀侗庵の朝鮮の役への否定的評価は、かつて貝原益軒が和刻本『懲毖録』序で述べたところの、武に偏した豊臣の滅亡という議論と同工のものである。本書は朝鮮側からこの戦争に取材した記録で、日本の軍記にも大きな影響を与えた。倜庵の見方は、まだ欧米列強の富国強兵策に刺激される以前の文政期に書かれた本書ゆえの議論でもあった。もちろん、朝鮮の役における鍋島直茂・加藤清正・小早川隆景（巻九・十・補遺）の勇猛は載せている通り、戦争への批判が、士道の精神の否定にまでは至っていないことは注意すべきである。

倜庵に影響を受けて、やはり戦国武将の漢文説話『名将言行録』（明治三年刊）を集成した岡谷繁実（一八三五〜一九一九）も、その題言で、戦国の乱世にこそ、独力で国を束ね、低い身分から身を起す人材が多く輩出したが、太平にあっては、先祖以来の俸録にあぐらをかいて、廉恥の精神をなくし、先例墨守の政治に堕落したという危機感から、本書を編集したとしている。彼もペリー来航を実見して本書執筆を思い立っていた▼注8。彼の評は、秀吉の異数の出世を支える覇気を大いにたたえ、『近古史談』にも載っていた、小早川隆景の増援要請を受けて、自分が死んでもその魂は大きな鉄の楯となって明国四百州の敵を一もみに圧すると予言した話に対しては、その「雄偉」を比類なきものと賞賛している。

こうした漢文説話は、初級者の漢文作文教材としてうってつけであった。既に江戸中期、徂徠学派において武将説話の漢文化が流行しており、それは軍記の文章がもともと漢文訓読体で漢文化に向いていた、というにとどまらず、その内容が武士の修身に最適の「教材」でもあったからだった。明治になっても学問の基礎として漢文学習が必須であった時代には、こうした需要はなくなることがない。『良将達徳鈔』が、明治十五年、修文協会から活版印刷されている事実は、その証左というべきであろう。

説話の集成者によって、ニュアンスは異なるものの、西洋諸国の圧力下にあって、戦国武将の競争的武士精神に学ぼうという関心の中で、朝鮮の役は光が当てられていた点で共通する。それが時代の精神だったのである。

正戦論への展開

では、天狗党の檄文に見られたような、「神州」の「男子」としての気概から、朝鮮の役を捉える意識は、どこに淵源を認めるべきだろうか。まずは、後期水戸学におけるこの戦争についての言説が検討されてしかるべきである。

この点、金時徳は、水戸史局彰考館総裁だった川口長孺の『征韓偉略』（天保二年刊）を中心として十九世紀の水戸史学におけるこの戦争の言説を詳細に検討しており、しばらくはこれに拠って、その内実を確認しておきたい。広く史料を参照して「事実」を決定してゆく水戸史学の方法は、本書でも遺憾なく発揮され、写本で幕府や大名家などに秘蔵されているような日本側の史料『寛永諸家系図伝』『藩翰譜』『征韓録』『黒田家譜』などはもちろん、中国・朝鮮側の史料『明史』『明史稿』『隠峰野史別録』など、今日の史学でも参照されるハイレベルな史料を射程においていた。しかし、その一方で『征韓偉略』は、その前半で中国側・韓国側の史料を利用しながら、戦争の原因を日本に「来聘」しなかったり、講和時施設に朝鮮二王子を加えなかったりした朝鮮側の無礼に帰し、後半は中国側の史料を使って、中国が日本軍を恐れ、戦いの主導権を握れず秀吉の死でようやく危機を免れたと、意図的に日本軍の優勢を強調していた事実も報告されている。ただし、徳川御三家の一翼を担う水戸藩の公的事業でもあるから、家康は秀吉と異なり、武よりも文を尊重した結果、朝鮮とは善隣友好の状態になったことを記して、本書は一編を終えている。

朝鮮側の無礼と日本の勇武を強調する本書ではあるが、この段階では、天狗党の檄文に見えるような、歴史の伝統を背負って行動する指針としての秀吉の位置づけまでには、かなりの開きがある。対して、これより後に書かれた青山延光『征韓雑誌』（嘉永五年跋）は、『征韓偉略』にもれた瑣事を集成したものだが、豊田天功の跋文には、秀吉が長生きしておれば朝鮮・明の征服もなされていただろうとこれを惜しみ、太平の「暖」に飽きた今日、志のある士は、献策して国家に報いなければならない、と現実への関心にひきつけた議論を展開している。さらに、同じ延光の『六雄八将論』（慶応二年刊）では、足利義満が明に朝貢して格下の称号「日本国王」を得た恥辱が、秀吉の「一怒」によってそそがれ、「皇威」は「赫然」と四海に行き渡ったとしている。同書では、また、戦争の実効性は、明を滅ぼした清が日本を攻めない要因となった点にあるとしている▼注9が、この点は早く文政期に侗庵も指摘していたことでもあった。

延光の議論で注目されるのは、「文」の国中国の皇帝に対する、「武」の国日本の「天皇」の権威の神話的・文化的優位性が前提とされ、秀吉の起した戦争の正当性が評価されている点にある。この議論の前提としては、朝鮮国の常態的朝貢という史実の捏造も、大きな根拠となった。十九世紀の日本人が最もよく読んだ国史といえば、頼山陽の『日本外史』である。その巻十六「徳川氏前記　豊臣氏中」は全編を割いて朝鮮の役を扱う▼注10が、そのはじめの部分で、

明主、嘗て足利氏と好を修む。韓、その間に両属して常に朝貢を我に奉ず。

と根拠のない「史実」を前提に筆を起している。秀吉による明征服の意図表明と朝鮮への案内依頼、さらにその不調が秀吉を怒らせる要因としての、朝貢の常態という先例は、下って幕末の朝鮮の「両属」の不義を問う議論を保障するものであった。学問としての正確さを期す『征韓偉略』では、そこまでの捏造には及ばないが、古代に遡って三韓の朝貢が明記され、戦国期では『明史』を引いて、文明三年の朝鮮側からの聘礼を紹介している。朝貢の有無は、戦争の正当性にかかわる重要な問題であるから、注目されるが、それだけ山陽も長孺もその問題に敏感になるほど戦争の正当性に関心を寄せていたのである。

こうした言説は、教養ある階層や志士と呼ばれる問題意識を持った対象にのみ発信されたわけではない。篤胤流の国学者でありながら、洋学にも造詣があり、欧米の文化を「夷」とみなすことなく開国を説いた鶴峯戊申（一七八八〜一八五九）は、自ら校正に携わった絵本読本『絵本朝鮮征伐記』（橋本玉蘭画・菊池善助刻、前編嘉永六年刊、後編安政元年刊）の序で、こう述べている。舜が東方より起こった例を引いて、それは「神州」たるわが日本のことである。「王化」

を阻む「諸醜夷」を従わせるべく、秀吉は日本統一後、琉球を通じて明と交渉するもこれを聞かず、朝鮮に入明の先導を促すがこれも従わない。これがこの戦争の原因であり、三韓征伐以来の故例を引く。戦国武将の血気が無辜の朝鮮の民を滅ぼしたことは憐れむべし、としながらも、加藤清正は一人秀吉の心を受け継いで「勇」かつ「仁」であったとする（こうした戦争の図式は、10章の日清戦争期における新聞小説『朝鮮征伐』まで受け継がれる）。「神州」意識によるこの戦争の正当化は、「俗」のレベルのメディアにおいても発信されていたのだ。

ここに至って、天狗党の檄文の背景には、ペリー来航による「洋夷」の脅威が実体化した嘉永年間から、一般化する国難意識による天皇の権威への焦点化と、それによる中国の朝貢体制への批判があったことが見えてくる。こうした皇国意識の論理を歴史理解にも現実の実力行使を伴う変革にも徹底させて議論を展開したのは、その劇的な人生によっても維新のイデオローグの役割を果たした、吉田松陰だった。以下は明治維新の大義の観点から、朝鮮の役がどう捉えられたかに、考察の対象を移すこととなる。

征伐論の前提

吉野誠は、松陰の朝鮮に関する発言を、その思想的展開に即して三つの時期に分けて整理し、外圧の対応としてうち出された近隣アジアへの侵略策の中核に、朝鮮侵略論が一貫してあったことを指摘する▼注11。今、朝鮮の役に絞ってその展開を追っておこう。まず彼の征韓論は、ペリー来航による危機意識から、三韓征伐を典範として、海軍を創設して蝦夷と朝鮮を征服することで、西洋諸国の侵略を諦めさせ、「取り易き」朝鮮・満州・支那を得ることで「交易」での損失を恢復するというものから出発した。後の大日本帝国の道のりを先取りするような議論だが、考えてみれば、これまで見てきた儒学・洋学・水戸学の認識にも、秀吉の外征が、結果として西洋の外圧を防いでいるという意識はあったのだから、松陰の考えはそれを積極的に発展させた、という意味で突飛なものではない。

また、松陰に帰結する江戸時代の「異国」意識は、近現代の国境線の内と外という考え方ではとても捉えられない。

江戸時代の対外関係は、松前（対蝦夷）・対馬（対朝鮮）・長崎（対清国・オランダ）・薩摩（対琉球）の四つの口で論じられるが、対象となる地域によって「異国」（朝鮮・清国・オランダ）と「異域」（蝦夷・琉球）と呼称が異なっていたことが報告されている▼注12。蝦夷と琉球は、それぞれ事情は異なるが、日本の政治・軍事的権力が及ぶ地域である一方、文化が異なり、他の日本列島のような完全な支配が及ぶ地域でもなかった。

このような国の中の「異国」とでもいうべき領域の存在を説明するには、今日我々が国境に抱いている、一次元の線的イメージを持つバウンダリーの概念を措いて、二次元の面的イメージを持つフロンティアの概念を以って接する方が分かりよい。前者は、国民・領土・主権を持った近代的国境線に典型的だが、求心的で内向きであり、その領土・主権、すなわち国民の共有財産である「内」とそれの及ばない「外」を明確に規定する。対する後者は、そうした領土の限界を明確に示すことなく、国家の支配力はその中心から遠ざかるに従って少しずつ弱くなる地域を指し、前者とは対照的に、遠心的で「内」と「外」を結びつける機能を持つ▼注13。

たしかに、このようなフロンティア概念を以ってすれば、琉球のような、一方で島津氏の支配を被りながら、明・清に朝貢し冊封を受けていた両属的存在や、日本文化の及ばない「夷」ではあるが、かなり日本の支配力の影響が及んでいた蝦夷▼注14への理解はしやすい。しかし、問題はそれだけではない。

地理学者クリストフによれば、両者は空間的な相違だけでなく、その国の異なった「世界観」をも背負っている、という。自然発生的に、「文明」や居住可能地域の拡張から生じた、フロンティアを四周に持つ国家は概して、普遍的国家しかありえない（あるいはあるべきでない）という理念を抱きがちであり、その意味でフロンティアは「前線」という含意を持って、拡張を志向しがちであった、という▼注15。

その時当然予想されうる戦争とその延長線上に位置する外交は、東アジア世界の場合、この地域独自の戦争の正当性、すなわち「征伐」の論理によって保障されることとなる。この問題をはじめて指摘したブートは、あくまで仮説だと断った上で、「征伐」とは、天から権威を得た天子・天帝・天皇が、野蛮あるいは不道徳な政治状態を正すという、道徳的優越性の含意をもった概念で、原則的に帝国は一つとの意識に立って、その統一性の危険を脅かすものを排除することを目途として持っていたものだ、という▼注16。これは「正当な」権威・原因・意図を以って戦争を了とする欧米世界の「正しい戦争」の概念とも大筋合致するものである▼注17ので、ブートは「征伐」を東アジア版正しい戦争と解釈した。

こうした「フロンティア」や「征伐」の概念を、文禄・慶長の役を扱う多くの通俗史家や軍記作者がどこまで厳密に意識したか、その実際が多様であることは、本書のこれまでの記述からもうかがえるが、通俗軍書や野史に用意されていた「征伐」論の根拠となる事例（朝貢と両属や朝鮮側の政治的文化的劣位）や、琉球・蝦夷と朝鮮を、同じ「フロンティア」としての「異国」としてイメージさせる世界像（朝比奈の朝鮮渡海・為朝の琉球渡海・義経の蝦夷渡り）、さらには前者に取材した幕末の学者・志士の議論が前提となり、吉田松陰の文禄・慶長の役に関する戦争の正当性についての議論へと理念化が進んでいくのである。

征韓論の理念化

吉田松陰の征韓論の第二期は、和親条約が締結され危機は去ったが、そのことで日本人の志気が振るわないと考えられた時期だった。自身国禁である海外渡航を企て失敗して幽閉された松陰は、攘夷の主体の闡明へと関心を移す。攘夷運動の理念化がすすめられる点が特筆されるべきである。彼は「国体」の真のあり方として、天皇の万世一系に我が国の優秀性をみようとし、「天下は天下の天下」ではなく、天皇あっての国家国民であるという絶対的で矯激な天皇論へと進んでいった。結果、外夷に屈した日本の状況は国体が正しく顕現されておらず、歴史上も足利氏の朝貢外交はその最たるものとして批判され、徳川氏の対朝鮮外交さえも、天皇を頂く日本の優越性を明示しない名分正しからざるものと捉えられていく。

そのなかで朝鮮の役は最も高く評価され、貝原益軒以来の過剰な「武」という批判を正面から退け、秀吉自身はその意義について正しく意識していたわけではないが、この戦争は天皇家を尊重し、国恩に報いたものと位置付けられる。結果、松陰が以前から考えていた外征は、神功皇后や秀吉のごとく「神聖の道」に叶い、「皇道」を明らかにするものであるという理念的根拠を得ることとなる。こうした皇国意識による外征の理念化は、見てきたように、水戸の青山延光や豊田天功には準備されていたものだった。松陰は、既に嘉永四年暮から五年正月、藩士としての勤務を放棄して、水戸を訪ね、彼らと会っている。特に天功とは談論風発、意気投合している(『東北遊日記』)というその経験には、おそらくこの皇国意識の問題もあったことだろう。天狗党の歴史認識とも同じものと言ってよい。

第三の段階は、開国攘夷の構想を抱く段階で、通商条約締結問題でゆれる世情のなか、海軍を創設・訓練し、通商によって富国をはかり、神功皇后以来の真の雄略の実践として、海外に雄飛して日本の独立を得るというこの構想のなか、朝鮮・満州・清国へ兵を置くことも考えられていた。この点は、「洋夷」を毛嫌いし横浜閉港を目指した天狗党と異なる点もある。それは松陰が山鹿流の兵学師範の家に生まれ、現実的思考をも十分もっていたこと、また長崎遊学や佐久間象山などとの交流から、国際的知識を得ていたことがその原因として考えられるが、日本の国難を前に今こそ立つべしとの焦燥感と使命感は、天狗党と大差なかった▼注18。結局松陰は、天皇の許可も得ず外圧に媚び通商条約を結んでしまった幕府へのテロを計画して、安政の大獄の対象となり、斬首されることで、維新の大義に殉じた存在として、討幕派の中で神話化されてゆくのである。

一方で、松陰の認識は、古賀侗庵・大槻磐渓・鶴峯戊申ら、洋学に理解がある者たちの、大陸積極策につながる秀吉の「征朝」に対する評価の延長線上にあることは言うまでもない。この流れの比較からは、松陰が対外意識に理念化を強めた存在であったことが見えてくると同時に、彼の持つ兵学者的現実的思考の側面が、脈々と明治以降も受け継がれてゆくのではないか、という新たな課題が浮かび上がってもくる▼注19。

思想の行方

松陰の征韓論は、倒幕に傾く尊王攘夷派に受け継がれ、久坂玄瑞・平野国臣・真木和泉らの言説にそれが見て取れる。征韓は国体の顕現として維新の大義を発動するものであると同時に、その武威を示すことで外夷から日本の独立を守る政策として真剣に論じられた。王政復古を根幹に据えた明治新政府にも、それは受け継がれ、朝鮮との外交文書に、朝鮮側からすれば中国の皇帝にのみ使用が許される「皇上」などの文字を使用して、両国関係は紛糾した。松陰の弟子で、天狗党にも支援をし、維新創業の有力な一派である長州藩を代表して明治政府の中心に位置した木戸孝允は、王政復古を朝鮮側に通告する対馬藩の使節が出発した折、その日記に、朝鮮の無礼を問うて、相手が不承知の場合は、これを攻めて「神州之威を伸長」することを願うと書き付けている。

西郷の征韓論もその延長線上にあることは言うまでも無いが、事は征韓論派の下野で終わらない。新聞論説では、日清戦争の正当性を問題にする場合においても、朝鮮の役とからめた議論や、西郷の遺志を果たすといった見方が流布したし▼注20、次章で改めて述べるが、戦争報道の情報が検閲によって少ないなか、朝鮮の役の小説化は、戦勝に沸き立つ読者の情報への渇望を満たす側面があった。朝鮮の役についての記憶の仕方は、西洋の外圧に対して、日本の独立をいかに果たすかという切実な関心から、改めてその意義が問い直され、そこで醸成されてきた歴史の解釈が、現実の東アジア世界との関係に大きな影を落とすことにもなるのであった。

集団的記憶は、過去そのものではなく、現在の政治・社会・文化の様態、およびそれについての共通意識から解釈され共有されていく。史学や思想史学では、近世日本が、基本的に兵営国家であったことから生まれる歴史についての一般的認識について、ようやく注目されるようになってきた。政治や社会の制約・桎梏から解放されることの魅力を動機にしているフシがある、文学研究の「フロンティア」として、この方面の研究は、取り扱い注意で、生々しい面があるが、前近代の文学、特に散文がそもそも歴史と遺伝子を共有する関係にあったという意味で、本質的な問いに発した、別の魅力を見出す研究の可能性を持っている。

注

1▼井上泰至「武家の文藝　江戸の武家説話から司馬遼太郎へ」（『国文学解釈と鑑賞』九三四、二〇〇九年三月）、帰泳涛「ライシャワーの日本近代化論と日米関係――知的対話の視点から」（『アジア太平洋研究科論集』七、二〇〇四年三月）、井上泰至「ライシャワーの日本観と対話の戦略――ソフト・パワーとしての歴史認識」（『比較文化研究』七二、二〇〇六年三月）。

2▼『水戸藩史料』下編巻十三（吉川弘文館、一九一五年）五七六頁。

3▼若林力『近古史談全注釈』（大修館書店、二〇〇一年）「解題」。

4▼濱田啓介「幕末読本の一傾向」（『近世文芸』六、一九六一年五月）では、こうした英雄待望の心理が、本稿で対象としている読み物の読者よりも、より大衆的な層に見えることを指摘している。

5▼眞壁仁『徳川後期の学問と政治　昌平坂学問所儒者と幕末外交変容』（名古屋大学出版会、二〇〇七年）「序章」。

6▼注（5）「第五章　知的世界の拡大　二　世界認識――東北アジア域圏から地球世界へ」。

7▼この話柄は、そもそも林読耕斎が草稿を書いて、羅山の名で出された『豊臣秀吉譜』（明暦四年刊）に載る。『太閤記』にはこの記事がないので、本書のオリジナルと思われる。新井白石『藩翰譜』巻七上「浅野氏」や『絵本太閤記』六編巻十一にも載り、江戸時代を通じて一般的なこの戦争の対する見方の一つであった。

8▼井上泰至『サムライの書斎』（ぺりかん社、二〇〇七年）「第八章」。

9▼金時徳『「異国合戦軍記」の世界――韓半島・琉球列島・蝦夷地――』（笠間書院、二〇一〇年）「第一章第八節　近世後期の壬辰戦争文献群――対馬藩と水戸藩の場合」。

10▼『日本外史』巻十七徳川氏前記　豊臣氏下の末尾には、「外史氏曰く」として、山陽による秀吉評価が載る。その中で朝鮮の役については、国内の潜在的敵対勢力の力を削ぐものであったという、山陽一流の現実的理解とともに、もし彼が中国北方に生まれていたら、明国の滅亡は愛新覚羅氏ではなく、彼の手で成し遂げられていただろうこと、その「雄才大略」は秦の始皇帝や漢の武帝をも凌ぐとし、民力の疲弊は非とするものの、気宇壮大な彼の国内統一の「余力」による外征は「固より其れ宜なり」とする。このあたりの議論が、大槻磐渓・藤森弘庵・川口長孺・青山延光には影響を及ぼしたことだろう。

11▼吉野誠『明治維新と征韓論　吉田松陰から西郷隆盛へ』（明石書店、二〇〇二年）「第一章　吉田松陰と朝鮮――征韓論の原型」。

12▼加藤榮一・北島万次・深谷克巳『幕藩制国家と異国・異域』（校倉書房、一九八九年）。

13▼ブルース・バートン『日本の「境界」　前近代の国家・民族・文化』（青木書店、二〇〇〇年）二三～二四頁。

14▼一六三〇年代に「和人地」と「エゾ地」の間には、明確な政治的バウンダリーが決められていた、という報告もある（注（13）四七頁）。

15▼注（13）二三～二四頁。

16▼ウィレム・ブート「『朝鮮征伐記』に描かれた戦争――戦争のある日本人儒学者の視線から見た秀吉」二八二～二八四頁（鄭杜熙・李璟珣・金文子『壬辰戦争　16世紀日・中・朝の国際戦争』明石書店、二〇〇八年）。

17▼山内進『「正しい」戦争という思想』（勁草書房、二〇〇六年）。

18▼尊王攘夷論と積極型開国論が同じ、あるいは近い地平にあったことは、三谷博『明治維新とナショナリズム　幕末の外交と政治変動』（山川出版社、一九九七年）「第二章　一九世紀前半の国際環境と対外論」に詳しい。

19▼例えば、明治における戦争をめぐる三つの立場、非戦論・積極論・現実論を戦わせた中江兆民の『三酔人経綸問答』（明治二十年）で、積極論の「豪傑の客」は弱肉強食の欧米世界の論理に立脚して、議論の後上海へと向かうが、松陰の伝記も、こういう方面の読者を意識して、草莽決起の革命家から国威発揚の積極論者へと徳富蘇峰らによって読みかえられていった可能性が高い。

20▼佐谷眞木人『日清戦争　「国民」の誕生』（講談社現代新書、二〇〇九年）「第一章　征韓論ふたたび」。

10

重ね合わされていく戦争のイメージ

日清戦争期の歴史小説

井上泰至

日清戦争に関する新聞報道に厳しい検閲が行われる中、その隠喩として、壬辰戦争をテーマとした新聞小説があった。似たようなことは、江戸時代にも盛んに行われていた。村井弦斎の『朝鮮征伐』も、朝比奈三郎義秀伝説など過去の物語を利用しながら、日清戦争の正当性といった現実の戦争をにらんだ内容を盛り込んでいる。戦争の正当性とは、江戸時代の文献のように、秀吉が明の皇帝になることではなく、朝鮮の「改革・開放」を日本の手で行うことであった。時勢に合わせて過去を解釈するという傾向は、壬辰戦争に関してだけではない。しかし、その後、「大日本帝国」の北進・南進の際には、必ずと言っていいほど、秀吉の前例が挙げられていることを思うと、日清戦争の前例として壬辰戦争を利用するこの作品は、近代日本における壬辰戦争についての解釈の歴史において、先駆をなす作品としても位置づけられる。(金)

村井弦斎（一八六三～一九二七）という、かつては一世を風靡しながら、やがて完全に忘れ去られ、近年ようやく光があたるようになってきた作家がいる。

彼の代表作は、『食道楽』（明治三十六年＝一九〇三年、報知新聞。同年より自費出版で単行本化）である。その魅力は、何といっても、ヒロインお登和が料理をし、蘊蓄を傾ける、六百三十種にのぼる料理レシピにあった。この小説のおかげで彼は流行作家の位置を不動のものにするが、それ以降小説への興味をなくし、文学史の記述から漏れて忘れられてゆく。ところが、近年の食文化や食の安全への関心から、この作家はにわかに脚光をあび始め、二〇〇五年、『食道楽』は岩波文庫で再刊され、彼の評伝として、黒岩比佐子『『食道楽』の人　村井弦斎』（岩波書店、二〇〇四年）も刊行されている。

ところで、彼は、文禄・慶長の役を主題とした『朝鮮征伐』という小説を、明治二十七（一八九四）年の七月七日から十一月二十二日にかけて、計九十六回にわたって「都新聞」に連載し、明治三十一年（一八九八）には『鎧の風』（春陽堂）とこれを改題して単行本化している。明治二十七年七月二十五日には豊島沖の海戦があり、この日は日清戦争の実質的な開戦日にあたる。そして、同年十一月二十一日には日本軍は旅順口を占領して勝利を決定付けているから、まさに連載時期と戦争は重なっている。この小説が、大衆読者の戦争への関心にあわせたものだったことは間違いない。

本稿では、弦斎の『朝鮮征伐』を分析することで、江戸以来積み重ねられてきたこの戦争についての記憶の整理の仕方が、日清戦争期においてどう確認され、どうその文脈を変えていったのか、について検討する。その前提として、まずは黒岩の評伝によって、彼の経歴を確認しておかねばならない。

新聞小説家村井弦斎

村井弦斎とは、そもそも何者なのか。まずは、新聞小説の作家として記憶されるべきであろう。彼は「報知新聞」の看板作家であった。当時の新聞が小説によって読者を獲得していた面があることは、近代文学をすこしかじったものなら、誰でも知っていることだ。彼を報知社に入れたのは、矢野龍渓（一八五〇〜一九三一）である。立憲政治家であり、自身小説『経国美談』の作者であった彼は、新聞によって国民を啓蒙する事業を柱としており、その意味での小説の機能に早くから注目していた。彼の『浮城物語』（明治二十三年＝一八九〇年）は日本人の海事・海軍への意識向上をねらっており、弦斎にも軍事小説『朝日桜』や同様の系譜に位置する『日の出島』がある。

彼は三河国松平家、吉田藩士の子として生を享けている。祖父惟熙《これひろ》は考証学者太田錦城の系譜につらなる漢学者であった。父清は幕末海防に駆り出され、砲術訓練を受けている。維新後は、三河を引き払って東京へ出、息子寛《ゆたか》（弦斎）の教育に一家の命運を賭けた。弦斎は、東京外国語学校でロシア語を学ぶかたわら、塩谷時敏・小野湖山・信夫恕軒・蒲生精庵に漢学を習っている。ところが「脳病」により外国語学校を卒業目前にして退学、明治十七年（一八八四）渡米、帰国後矢野龍渓と出会い、明治二十年（一八八七）、報知社に入社する。当初年鑑編集に従事していた彼の、小説家としてのデビューは三年後の『匿名投書』である。

出世作『小説家』を経て看板作家となった彼は、報知社の経営難もあってか、明治二十六年（一八九三）九月一日「都新聞」に転入、『朝鮮征伐』連載終了後の翌二十七年十二月二十九日、報知社に復籍している。「都新聞」は、芸能欄・社会欄に特徴のある「小新聞」から出発した大衆紙で、小説には挿絵もついた。特に歴史小説『桜の御所』（同二十七年）は好評で、富岡永洗の緻密な挿絵が評判になっていたと伝えられる『朝鮮征伐』も、そのジャンルを引き継ぎつつ、日清戦争という新聞部数を大きく伸ばした一大事件にあわせて書かれたものであった▼注1。

では、『朝鮮征伐』のあらすじを紹介して、分析の導入としよう。

あらすじ1——英雄の活躍とロマンス

天正十五年（一五八七）、九州征伐を終えた豊臣秀吉に宗義智が拝謁を乞う。秀吉は唐入りの意志を告げ、朝鮮の内情の探索を命ずる。義智は次男金王丸が朝鮮語を理解することを理由に推挙する。対馬にいる金王丸は、朝鮮からの難破船に会い、朝鮮全羅道長興府の郭俊の娘玉蘭を救う。瀕死の兄郭祥の病気を見舞うべく便船にのって嵐にあうと、占い師が郭氏の娘を人身御供にと言い、小さい船に乗せられ流されたのだった。同情した金王丸は玉蘭を厳原城に入れようとする。玉蘭から朝鮮の内情を探りたかったのだ。玉蘭は、金王丸の男ぶりと優しさに心引かれる。帰宅の遅い金王丸に対して、箱崎から帰った父義智が留守の勤めを放棄したと怒り、勘当するが、家来の当麻は父に託された朝鮮の内偵を命じる密旨と金を金王丸に届ける。金王丸は陽東慶と名乗り、無人島の黒山島に着く。

帰国した玉蘭は、金王丸に黒山島で助けられたと偽る。金王丸の言動に、郭祥は不審を抱く。郭祥は秀吉の外征を李舜臣の言葉から予想。朝鮮の地図を乞う金王丸を郭祥は峻拒する。郭祥は反乱分子と金王丸のことを疑うが、郭俊は人となりを見てからという。郭俊・玉蘭は、金王丸の人柄にほれ込む。金王丸が天冠山へ向かっている間に、郭俊は金王丸を婿にと言う。天冠山で金王丸は、虎を射殺す。英雄となった金王丸は、郭俊の懇望により玉蘭と結婚した。

郭俊は賄賂で手に入れた地図を金王丸に渡す。郭祥に呼ばれ、李舜臣が到着する。李舜臣は金王丸に雁を射るよう願い、その射方から正体をさぐる。さらに李舜臣は、間者と思われる捕らえた者の詮議を行う。間者は当麻だったが、厳しい詮議にも白状しない。地図を得て出立しようとする金王丸を留め、事情を聞こうとする身重の玉欄を説得し、自分の名を明かすことなきよう注意し、金王丸は出発する。金王丸は当麻を助けて逃走。郭祥は、妹を問いただすが口を割らない。

天正十四《ママ》年春、玉蘭は男子出産。六年後、朝鮮・明国の偵察を終えた金王丸と当麻は、郭氏の門に立つ。夫の身を心配しながら子供に父の正体を明かす玉蘭。郭氏の人たちは再婚をすすめていた。垣を挟んで追いすがる玉蘭と一子に対し、敵情を報告して戦いを予想する金王丸は、時節を待てと言葉を残して去る。

あらすじ2――戦争の展開・英雄と妻の苦難

天正十九年（一五九一）三月、聚楽第で秀吉に宗義智と金王丸が対面し、敵情を報告。目的は大明征伐と秀吉は宣言。金王丸は秀吉の一字を賜って義秀と改名。翌文禄元年正月、大軍出発。大将は宇喜多秀家。総勢は十五万人。四月名護屋を進発。宗義智親子も小西行長の陣にあり。十三日釜山に上陸。小西は、東萊・尚州・忠州・呂江・京城・平壌と連戦連勝。義州に逃げた朝鮮王は明への援軍願い出る。柳成龍は義軍を呼びかけ、李舜臣の水軍も活動を起す。

一方、義州を抜き、鴨緑江を渡って明に攻め入ることを主張する義秀と、大軍を集めて征明すべきと主張する小西とでは意見が割れる。結局、小西の優柔不断により平壌に籠城。そこへ玉蘭の手紙が届く。子供が敵の種と分かれば一族が罪の対象となる不安を語り、国王との和睦をすすめる。義秀の返書は、明国の禍を除き、朝鮮の悪政を正す意図を述べ、和睦を了承、秀吉の渡海も検討する。そこへ、明軍立つ、の報が入る。平壌の戦いで明軍敗北、一万の首をあげる。小西は水軍と義兵を抑えてから明を向かうと言い、明へ渡ることを主張する義秀と対立。加藤清正との協力を義秀が訴えるが、個人的不仲を理由に行長は拒否。明の使者沈惟敬が来る。義秀は北条時宗の先例を引いて使者を切ることを主張。小西と決定的に対立する。

清正を頼って義秀と家来の当麻は行方をくらます。清正は朝鮮二王子を生け捕り、オランカイへ進軍。梁養山の戦いで義秀と合流。唐入りでは意気投合する義秀と清正であったが、小西と協力して平安道へ向かうことをすすめると清正は拒否。明の援軍の知らせに朝鮮軍が蜂起し、内戦に終始して、文禄二年（一五九三）を迎える。明の大軍が押し寄せ、平壌陥落。京城へ清正が救援に向かい、小早川隆景が勝利。清正・義秀は追撃を主張。石田三成は反対。

食糧を焼失して、清正は義秀とともに郭祥の守る安奇城に向かう。郭祥は父妹が日本の間者を宿泊させた罪で牢獄にいることを語る。郭祥は日本軍に生け捕りになる。一方、長興府の郭俊は牢につながれていた。賄賂を送らず、富をねらわれたためである。財宝のありかのみ問い、財宝は戦争のため既にないのを認めない司直は、郭俊・玉蘭とその子を刑場へ。李舜臣の命令で、三人は李により糾問されることとなる。

水軍の本陣閑山島。飛蓋島の戦いで、李舜臣の采配により、朝鮮水軍の活躍。和議の知らせを聞いて、子供を金王丸に渡そうと玉蘭が蔚山へ。玉蘭と捕虜となっていた郭祥が対面。子を残したい玉蘭に、戦は続くと兄は諫める。義秀の姿を見て父と慕う子だが、父の存在を否定する玉蘭。当麻は玉蘭に義秀の誠を語る。和睦を待って玉蘭は蔚山の町に身を潜める。和睦が成立して郭祥は解放される。二王子を送る金王丸を待ちたい玉蘭を、郭祥は閑山島へ帰らせる。明の約束違反により、晋州城攻め。沈維敬の画策により明軍撤退。

あらすじ3――再戦と家族の別れ

慶長元年（一五九六）、ようやく明の使者が来日。軍勢は帰国する。伏見では三成の讒言のため、清正・義秀は閉門となる。義秀が対馬にもどると竜造寺の菊姫が待ちかねる。母は菊姫との婚礼をすすめる。玉蘭を棄てないことは、朝鮮を領分とする日本の徳として大事とする義秀だが、今の和睦は仮のものなので玉蘭はまだ対馬に呼ばないとする。長興府からの文で、玉蘭は恨みの言葉を連ねる。菊姫は文を外から見て涙する。

謹慎がとけるとの報があり義秀は伏見へ上る。菊姫は義秀のとりなしで対馬に残る。秀吉は明の冊文に激怒し、これを破る。明へ渡るのには全羅道の李舜臣を退ける必要があるので、義秀が讒言をもってこれを退けるようにせよと秀吉が密かに命じる。李舜臣は讒言により牢屋へ、日本軍は二回目の渡海。李舜臣の水軍現れず。舟で義秀が登場。讒言により李舜臣を牢屋入りさせたことを清正に語る。

朝鮮敗北。明は再び援軍を出す。郭親子が守る黄石城は落ちない。清正の勧めで、義秀が降伏勧告に行く。郭祥はこれを拒否。郭俊は家宝を渡すと言って、櫃を城門から出す。櫃には一子が入っていた。義秀により駒王丸義金と名乗る。母の命乞いをする駒王丸。当麻が玉蘭救出に向かい、楼門を訪ね投降を促すが、玉蘭は谷川に投身。戦闘が始まり、郭祥討死。駒王丸は初陣を果たすが、郭俊の切腹を介錯する。日本軍は南元城を陥落させる。義秀は竜造寺義秋と合流、谷川から玉蘭を救出した旨を聞く。

李舜臣の活躍や明軍の到着で戦線は膠着する。義秀親子は黄石山で郭俊・郭祥の墓に詣でる。そこで出会った玉蘭は全く二人を無視するが、義秀親子はそれを説得。しかし、玉蘭は折れない。そこに、竜造寺義秋が登場、玉蘭を日本へと誘うが玉蘭は拒否。黄石山の庵室を義秀親子と当麻と三人で訪ねるが返事はない。郭氏一門に殉じて義のために愛を断つ玉蘭の心を理解し、義秀らは去る。慶長三年（一五九八）、秀吉死去により戦争は終了する。義秀は菊姫の婿となり、駒王丸は嫡男となる。竜造寺家より玉蘭を日本に迎えようとするが、玉蘭は聞かず、義秀は扶持米を年々寄進。秀吉の寿命が十年長ければ朝鮮・明国も日本の領土であったろうとして結びとなる。

主人公の背負うイメージ

主人公「金王丸」の名からは、源義朝の家来で伝説上その人物像がふくらんでいった、渋谷金王丸のイメージが喚起される。『平治物語』では、平治の乱に敗れた義朝と尾張へ落ち、長田忠致の計略で義朝は討たれるが、金王丸は敵方を切りつけた後、常盤御前に主人の死を報告する。能・幸若舞曲・浄瑠璃・歌舞伎の諸芸能でその像は大きくふくらみ、古浄瑠璃『待賢門平氏合戦』では、長田を追い、平清盛に敵討ちを許され、近松門左衛門作『鎌田兵衛名所盃』（元禄八年＝一六九五年初演）では、長田に討たれようとする義朝を為朝と助ける展開となっている。歌舞伎では「暫」の主人公として演じられることが多く、その英雄像が定着した。

図1　都新聞　明治27年8月1日（上・下）

金王丸は義朝に使えた「童」であったため、年少のイメージがついて回る。『朝鮮征伐』における金王丸も、秀吉から名前をもらうまでは、前髪を残した少年として描かれている。また、幸若舞曲「鎌田」以来、「弓矢を取つて名人の名を得た」強者のイメージも出来上がって行く。やはり、『朝鮮征伐』でも、金王丸は天冠山で、猛虎を射殺して英雄の名を得ることとなった（図1）。さらに、金王丸には、漁師のイメージもつきまとう。謡曲「金王丸」や幸若舞曲「鎌田」では、義朝は金王丸がだまされて漁に出たすきに討たれたことになっている。その影響からか江戸時代の錦絵には金王丸が漁をした姿がたびたび描かれた（図2）。『朝鮮征伐』でも、無人島の黒山島に着いて、金王丸は玉蘭と相談し、土地の漁師陽東慶を名乗り、李舜臣の詰問にもそう答えている。前半部の少年にして英雄の金王丸像は、近世の金王丸像をふまえたものだった。

一方で、金王丸は、明・朝鮮の内偵を終えて、伏見城の秀吉と対面したとき、「秀」の一字をもらって宗義秀と名乗る。この名前には、朝比奈三郎義秀のイメージが重ねられていよう。鎌倉幕府の重臣和田義盛の子で、北条との合戦に活躍した彼には、朝鮮の釜山

（『本朝神社考』）、あるいは済州島に逃れたという伝説がある。釜山の倭館では金毘羅神社（後の龍頭山神社）に、加藤清正や朝比奈を祀っている▼注2。江戸中期の偽書的軍書『盛永私記』には済州島渡来説を載せる。こうした朝鮮渡りの伝説を意識したのであろう。『朝鮮征伐』でも、

朝夷奈三郎には及ばずとも所存は誰にも劣るまじ、朝鮮王城の大門も大明国都の鉄門も美事打破り候はん。（第三十回）

図2　源氏浮世画合　葵　歌川国芳画
白根記念渋谷区郷土博物館・文学館蔵

と、秀吉から一字を頂いてから、こう語っている。御伽草子『朝比奈物語』以来、地獄の門破りの説話は有名だった。

ヒロイン玉蘭のモデルを考えることは、キャラクターの問題にとどまらず、本作の話の大枠をも考えることになる。朝鮮軍記物の中からそれを探せば、読み物としてポピュラーだった馬場信意『朝鮮太平記』▼注3（宝永二年＝一七〇五年刊）の巻二十「加藤小西攻黄石山城　附落城

図3　都新聞　明治27年8月8日

事」では、玉蘭の父郭俊が守将の一人として討死しており、その娘であるやはり守将の一人柳文虎の妻が城中を逃れるが、夫が捕虜となったことを聞き自殺を言い出し、諫める侍女の隙を見て縊死している。また、文禄・慶長の役の画像化に最も与った『絵本太閤記』▼注4（武内確斎稿・岡田玉山一世画）の七編（享和二年＝一八〇二年刊）巻七「清正黄石山城斬郭俊」では、郭俊に焦点が合わされ、息子郭祥の名も見える。柳文虎の妻は、櫓から父の戦死を見て一旦は気絶し、夫が囚われるのを見て櫓から崖下に投身自殺を遂げている。この柳文虎の妻がまずは玉蘭のモデルとなり、これを弦斎はふくらましていったのだろう。

そのふくらまし方に注目すると、まず前半の玉蘭は、異国に渡る日本の英雄と恋に落ちる異国の姫君として物語を彩る。さらに、密命を優先する金王丸の運命に翻弄され、悲しい別れ（図3）と子供を抱えて苦労する展開は、馬琴の読本にその祖型を求めることができる。『椿説弓張月』の寧王女は、琉球王国の第一王女で、皇位継承者であり、一旦は命を落とすが、白縫姫の霊が宿り、再生する。為朝との間に一子舜天丸を儲け、これが琉球王となる。『朝鮮征伐』では、黄石城から家宝として渡された櫝に潜む義秀と玉蘭の子は、駒王丸義金と名付けられる。この名には「高麗の王」の意味があると作中紹介されている。

さらに、愛する夫との別れを嘆くヒロインとしては、『南総里見八犬伝』の浜路が想起される。滸我へ旅立つ八犬士の一人犬塚信乃の部屋を、出立の前夜浜路が訪れ、自分も連れていってくれと言う、「浜路くどき」の場は、切ない女の愛情と、男の使命のため、あえて女への愛情を抑圧する男の苦しさを描く名場面として歓迎された。浜路の存在を想起すると、女の心を知りながら、自己に課せられた使命のため、それを犠牲にする義秀と、それによる玉蘭の苦難の連続という本作の骨格をなす悲劇の設定は、読本的枠組みに由来していたことが見えてくる。

現実の戦争との重ねあわせ

『朝鮮征伐』を単行本としてのみ読むならば、この悲劇の設定のみ考えて事足りるが、日清戦争中の新聞連載小説として、本作を読むと、別の側面が見えてくる。

明治二十七年七月、「都新聞」の紙面は清国との戦争が目前にあるとの情報にあふれている。清国は朝鮮に陸海軍を増派、日本もこれに対抗する。清国側は一方で和平交渉をしながら、通信の破壊活動を行うなど不穏な動きが続き、在韓の日本軍は精鋭屈強を伝えられる。連載四日前の一面論評では「到底決戦と覚悟せよ」と断じ、連載九回目の十八日一面は、大本営会議の決定が開戦に決したことをほのめかす。二十三日には、日清談判の最終回が号外で知らされ、二十七日には、戦端が開かれ、豊島沖の海戦の勝利が報じられる。以下、本作連載時期の十一月二十二日まで、戦争報道の主なものを挙げれば、八月四日宣戦の詔勅、八月五日牙山の占領、九月十八日平壌陥落、九月二十一日黄海海戦勝利、十月二十七日鴨緑江渡河、十月三十日九連城占領、十一月五日鳳凰城陥落、十一月十一日金州・大連湾占領、等となる。

連戦連勝ではあるが、読者も渇望する戦争の記事は内容が乏しい。政府・軍が検閲をして、情報が少ないことを新聞の論評でも嘆いている。また、従軍記者は十一月になっても戦地には到着せず、はかばかしい記事は送られていない。その渇きを癒す役割の一端を、『朝鮮征伐』が荷っていた面がある。本作は半分以上の連載が、一面に二段ヌキ以上のスペースを占めた挿絵で、新聞の「顔」の役割を果たし、読者は日本軍の活躍の情報の乏しさを、過去の朝鮮・明との戦いの物語で補っていたと想像されるのである。

また、同紙の一般の論評や雑報にも、日清戦争を文禄・慶長の役と比較して論じる文章が目立つ。七月二十一日の月尾生の「雑報」には、北豊山人の『文禄慶長朝鮮役』において秀吉の外征の失敗は、沈惟敬の画策などによる和平交渉の長期化で、日本勢が四年の長きに半島で足止めを食ったことにあり、今回はその轍を踏んではならないと説く。七月二十九日の「論評」でも、同様の議論がなされている。連戦連勝で、戦場が満州に波及するに至ってからも、十一月一日の「論評」では、清国の策動で欧州が仲裁を勧める噂に断固反対し、秀吉の征韓の失敗は石田・小西による和睦にあったと論じている。また、十一月十一日の「論評」でも、文禄・慶長の役の失敗は、李如松の明の大軍を破ったことへの慢心・油断が原因で、和睦を信じたことによると再三意見している。

小説『朝鮮征伐』においても、釜山から忠州・京城・平壌までの連戦連勝、鴨緑江を渡る機を逃す小西の優柔、対する清正の満州オランカイ攻略、明軍との対戦、講和への清正・義秀の疑いと、結果的な破約、再戦の過程、それに李舜臣と相対する日本水軍の記述は、おおむね史書に拠ったものとは言え、日清戦争とオーバーラップするようにも書かれていた。秀吉はもちろん、清正・義秀らは一貫して、戦の真の目的は征明にありと、繰り返し言明している。さらに、過去の戦争と現在の戦争の重ね合わせは、戦争の局面や経過以上に、戦争の捉え方そのものに端的に現れている。

戦争の正義

戦争の正当性とは、いつも後付けの論理となりがちなものだが、人命を犠牲にする以上、必ず求められるものでもある。端的に言って、『朝鮮征伐』から浮かび上がる、文禄・慶長の役についての「正しい戦争」の論理▼注5は、日清戦争の正当性の議論とほぼ同じものであった。

主に義秀らが語る戦争の大義は、朝鮮の改革・開放を日本の手で行うことにある。例えば、玉蘭が手紙で、一子が日本の敵将の子であることが判明すれば郭一族が罪に問われる不安を書いてよこすと、義秀は、

総じて我等が此度の合戦は一つには此国の悪政を正し二つには此国の道を借りて明国へ攻入らん為めにてあるぞ。（第三十九回）

と説く。また、讒言によって謹慎中の義秀は、

朝鮮は遂に我国の領分とすべきものなり。合戦の時は威を示し和睦の時は徳を示し威徳を以て其民を服せしめん（第七十二回）

として、玉蘭を見捨てない志を明かしている。さらに、清正は、安寄城で義秀と郭氏の縁を聞くと、

固《もと》より此度の合戦は朝鮮無辜《むこ》の民を苦ましむる所以《ゆえん》にあらず（第五十回）

と捕虜郭祥の身の安全を確約する。

逆に朝鮮の悪政は強調される。賄賂によって機密たる地図は易々と入手でき、巡視官も司直も金に汚い。それが最も強調されるのは、次の場面であろう。義秀を住まわせていたことが露見して、郭俊・玉蘭・一子が牢獄に入れられると、司直は郭氏の財産を要求し、戦争で使ったという郭俊の言を信じず、ついには三名を死刑にしようとする（図4）。対照的に清正は、捕虜に手厚く、仁政を施し、朝鮮の二王子も心服し、王に忠誠を尽くす郭祥も密かに心を寄せる。そもそも玉蘭が義秀に心引かれるのも、「義に勇む」日本男子に比べ、「朝鮮国の若者の陰鬱として力なき」を嫌ったからである。朝鮮の綱紀は緩み、軍の勇気は乏しく、愚将は淫楽に耽る。

「都新聞」では、日清戦争の大義を、清国の干渉を遠ざけて、朝鮮の独立を認めさせることに

図4　都新聞　明治27年9月11日

ありとし（七月六日「雑報」）、朝鮮は清国の教唆に応じて日本政府の施設に妨害を試み、体面を傷つけたとする（七月二十四日「論評」）。明治二十七年、歌人佐佐木信綱は『支那征伐の歌』の中の「日章旗の歌」で、「朝鮮国の独立を／世界にはじめて知らせしは／義侠にあつき我国ぞ（中略）今や彼国の内乱に／吾国民を保護せむと／吾軍隊を送りしに／かれ清国の無礼なる／裏面に入て煽動し／わが撤兵を求めしめ（中略）改革をだにはばみたり／しかのみならず朝鮮を／其属邦といひなして／かれの政治に干渉し／兵を牙山にとどめつつ／われに敵せん意を示す／いかで忍ばむ此無礼／いかで堪む此無礼」と、端的に日本の正戦論をぶつ。

日本の政府や軍部・議会が、富国強兵による条約改正を唱え、ドイツのシュタインから教えられた、主権線の外にあってその安全に密接な関係がある「利益線」の概念をもって、朝鮮半島を捉えていたにしても、国民の側では戦争の正義を実感するには至らない。しかし、陸奥宗光外務大臣によって巧みに誘導され、新聞の論調もこれを支持した、朝鮮の改革を日清両国で行うという、華夷秩序の意識が残っていた当時の清国としては全く受け入れられない日本側の提案を、清国に蹴らせることで、内政改革に熱心な日本と退嬰的な清国という分かりやすい対比が生まれたことは、世論に大きな影響を与えた▼注6。『朝鮮征伐』に見える戦争の正義も、その線にのっとったものだった。

以上、両者の比較から、『朝鮮征伐』における正戦論と、当時の新聞・言論における日清戦争についてのそれとは、通低していたことが見えてくる。

結語

弦斎は連載の終局、十一月十七日から五回に渡って「国民尚武論」なる論評を展開し、三韓征伐・元寇応戦・秀吉の征韓を先例として日本が「武」の国の伝統を有しており、軍人の社会的地位を向上させ、軍事に関する一般の理解を広め、戦勝国となりつつある日本に対する諸外国の抵抗の強力化を予想しつつ、国民性たる尚武の精神をより発揮するよう主張している。一方、『朝鮮征伐』では、秀吉や義秀から朝鮮・中国は無論、さらに西の国々まで武威を示す志が繰り返し述べられ、小説の末尾では、秀吉の寿命が十年長ければ朝鮮・明国も日本の領土であったろう、として筆を置く。秀吉の志は、現に今清国との戦いで遂げられつつある、というのが弦斎の描いた構図である。

ロシアを学んだ弦斎は、特に軍事色の強い国としてこれを挙げており、その脅威も感じていたのであろう。この後、『旭日桜』（明治二十八年＝一八八五年）『日の出島』（明治二十九～明治三十四年）などといった軍事小説へと傾斜してゆく。大長編の後者は、「東雲」の巻で、日本が清国を助けてロシア・ドイツと戦うことを決意している。また、征韓論者として名高い西郷隆盛の伝記『西郷隆盛詳伝』（明治三十二、三十三、三十六年）も手がけている。

「武」の国日本が、アジアを先導してゆくのだ、という点に、戦争の正義を見出そうとする弦斎の意識は、当時としては珍しくはない思考であった。内村鑑三は、『代表的日本人』（明治二十七年）の「朝鮮問題」で、征韓論をとなえた西郷隆盛の意図を、西洋列強に対抗すべく、日本が領土を拡張し力を蓄えると同時に、東アジアの指導者として、弱きをたたくのではなく、強き者に抗させるところにあったとしている。天皇への「不敬」事件で一高を辞職し、日露戦争では反戦に回った内村すら、反征韓論派の岩倉具視ら内治派の勝利は、「手のつけられない柔弱、優柔不断」を生んだとして批判し、文明とは正義のことであるとして「真のサムライ」を希求していた▼注7。

十九世紀末における、文禄・慶長の役の理解は、江戸以来の武の国日本という自己認識▼注8を受け継ぎつつ、これを日清戦争とオーバーラップさせることで、旧来の中国中心の東アジア観を真っ向から排して、「国民国家」の文脈で捉えなおしてゆくものであった。

注

1▼土方正巳『都新聞史』（日本図書センター、一九九一年）八五頁に、伊原青々園の証言（『史料』社報第10号）を引用して、『桜の御所』の好評と、『朝鮮征伐』の日清戦争当て込み、富岡永洗の挿絵の好評を指摘する。

2▼菅浩二『日本統治下の海外神社―朝鮮神宮・台湾神社と祭神』（弘文堂、二〇〇四年）一六九～一七〇頁。

3▼本書第4章参照。

4▼本書第8章参照。

5▼山内進『「正しい」戦争という思想』（勁草書房、二〇〇六年）。

6▼加藤陽子『戦争の日本近現代史』（講談社現代新書、二〇〇二年）二五～一二三頁。

7▼佐谷眞木人『日清戦争「国民」の誕生』（講談社現代新書、二〇〇九年）三五～四〇頁。

8▼本書第9章参照。

初出一覧

1　同タイトル、『壬辰戦争関連日本文献解題―近世編』（図書出版文、二〇一〇年：韓国語）（金）
2　「近世初期の日本における壬辰戦争言説の形成過程」『日本学研究』32（檀国大学日本研究所、二〇一一年一月）（金）
3　書き下ろし（井上）
4　「通俗軍書作家馬場信意の誕生―『朝鮮太平記』を中心に」（「学苑」804号、二〇〇七年一〇月）（井上）
5　「朝鮮後期の文集に見られる日本の文献『撃朝鮮論』について」『国文学研究』23（国文学会、二〇一一年五月）（金）
6　同タイトル、『日本学報』86（韓国日本学会、二〇一一年二月）（金）
7　「『慶長中外伝』と『絵本太閤記』の比較研究」『日本研究』46（韓国外国語大学日本研究所、二〇一〇年一二月）（金）
8　「文禄・慶長の役をめぐるイメージの形成・転化―絵入軍書・絵本読本」（「学苑」840号、二〇一〇年一〇月）（井上）
9　「文禄・慶長の役を記憶する―「復古」／「維新」の前提としての武家説話」（「日本文学」688号、二〇一〇年一〇月）（井上）
10　「日清戦争期の文禄・慶長の役関係歴史小説」（「学苑」845号、二〇一一年三月）（井上）

あとがき

東アジアにおける戦争をめぐる問題系―。

こうした大きな設定の難問を、主に前近代における壬辰戦争／文禄・慶長の役の受け止め方、伝わり方に絞って、軍学と文学を研究する日本人と、日本における「異国征伐戦記」というテーマを研究する韓国人とが語り合い、それぞれの論を展開し、互いの論に真摯にコメントを施したのがこの本である。ここ数年間、二人は文字通り、胸襟を開いて「戦争と東アジア」のことを話し合ってきた。その過程で導き出された多くの興味深いテーマのうち、今回、壬辰戦争という、東アジア史上類を見ない国際戦争について本にすることになった。この戦争以後の東アジアは、それ以前の状態には、もう戻れなかった。壬辰戦争は近代に影を落とし、また現在も、東アジアでは、新たな軋轢が繰り返されている。

観光・映画に代表される「ソフト」の分野での民間交流を通して相互理解を深めることの意義も小さくはない。しかし、そのことを以って「軍事」という「ハード」な問題に目をふさぐわけにはいかないことも事実である。今、各国の市民に必要なのは、東アジアの諸国間の交流と衝突の歴史を冷静に理解し、自分たちの考えを相手国の市民と語り合うことである。その過程では認めがたい自国の過ちを認めざるを得ないこともあろう。それを乗り越えて、自分とは考えが違う人々もたくさんいるということを認める一方で、自分の考えの中では絶対譲ることができないものも発見でき、共同利益のために妥協することの意味を見出すことも可能となってくるだろう。

戦争というものは、特定の集団にとっては、利益をもたらす場合すらある。外国のことに偏見の入り混じったレッテルを付けて相手国を敵に仕立て、自国の市民を団結させ、戦争へと突進させることもある。『旧約聖書』にも、「隣邦のことを知ることなかれ」の一言は見いだせるし、孔子の「攻乎異端、斯害也已」(異端を深く知ると害あるのみ)という言葉も、このような立場の主張として理解されうる側面がある。相手のことを知ろうとすると、相手が人間に見えてくる。相手を人間と見てしまうと、相手と戦いにくくなる。

世論というものはとても便利で、場合によっては、自分は何も考えなくても、あらかじめ作られた世の動きに身を任せていればよいように感じられる場合が多い。実際、平和な時代には、これもよい処世術である。しかし、戦争が起きると、この習慣のために、多くの市民は命を落とす危険にさらされる。人類愛や世界平和のような高尚なる理念のためではなく、自分と家族の命を守るために、戦争は可能な限り、回避しなければならないものであり、いつも考えていなければならない問題である。そして、自分と同じように考えている人たちが外国にも現実に存在することを認識し、互いに胸襟を開いて語り合うということこそ、意味のある交流である、と思う。

この本を著すに当たって、二人の著者の考えは、必ずしも完全に一致したとはいえない。その一端は対談からも窺えるのではないかと思う。特に、この本が追求する方向性に関して、二人のスタンスは微妙にずれている。井上が、壬辰戦争の言説による侍・国民への教育の問題に注目し、日本の文化史における壬辰戦争の位置づけに興味を示すのに対し、金は、日本における壬辰戦争言説の形成過程の分析に集中し、伝統的な東アジア世界における日本の壬辰戦争言説の位置づけに興味を示す。このような両者のズレは、二人の精神史の軌跡と現在の立場を反映するものである。と同時に、韓日両国がこの戦争に関して抱く観点を象徴するようにも理解される。

しかし、一部の意見のズレにもかかわらず、近世・近代における日本の壬辰戦争言説に関する二人の意見は、概ね一致していることは本書全体がその答えとなっているものと思う。そしてそれは、中国の台頭と、それに対抗するアメリカ・韓国・日本の対立構図を考える時にも、議論の前提として予習しておくべき必須の「練習問題」であると思う。韓半島と日本列島で古代の統一国家が形成されて以来、両国は、真の意味で共同利益の追求を持続した経験を有していない。

明清交代という急変事態に直面して両国の国交が正常化した後に始まった朝鮮通信使の派遣

は、両国の平和の象徴と宣伝されることが多い。しかし、当時の記録を読んでいくと、これこそ同床異夢のはなはだしい例であることが分かる。そういう意味で、米中の対立という構図の下で、両国が世界規模で共同利益を追求していくという試みは、全く新しい経験である。韓国と日本の研究者が、壬辰戦争という困難なテーマについて率直に語り合い、東アジアの宿命とも言える民族主義を超えて見えてくるものを予想したこの本は、未熟ながら、新しい未来に向けての希望の鳥の音であるように思う。

二〇一一年元旦、ソウルにて、金時徳

本書関連年表（太字は一般事項）

一五九二	文禄の役・壬辰倭乱（〜一五九六）
一五九七	慶長の役・丁酉再乱（〜一五九八）
一六〇〇	**※関ヶ原の戦い**
一六〇三	**※徳川幕府成立**
一六〇四	この頃、太田牛一『豊国大明神臨時御祭礼記録』・柳成龍『懲毖録』草本が成立か（〜一六〇五）
一六〇六	『両朝平攘録』序（明）
一六〇七	この頃、『大かうさまくんきのうち』成立
	※一回目の朝鮮通信使
一六〇九	**※島津家、琉球を支配下に置く**
一六一五	**※大坂夏の陣、豊臣廟破却**
一六二〇	この頃、『川角太閤記』成立
一六二一	『武備志』成立（明）
一六三一	『豊鑑』成立
一六三二	『西厓先生文集』（朝鮮）『皇明実紀』（明）
一六三三	この頃、堀杏庵『朝鮮征伐記』成立
一六三四	**※一回目の琉球使節の来日**
一六三七	この年以前に『太閤記』刊**【この頃まで朝鮮軍記物の第一期】**
一六四二	十六巻本『懲毖録』刊（朝鮮）。以降、二巻本『懲毖録』刊
	林羅山・読耕斎『豊臣秀吉譜』自跋
一六四四	**※明の滅亡**
一六四五	**※『太平記評判秘伝理尽鈔』刊**

一六五七	**※『大日本史』の編纂が始まる**
一六五九	堀杏庵『朝鮮征伐記』刊
一六六二	宇佐美定祐『朝鮮征伐記』成立　『朝鮮物語』自跋
一六六三	『隠峰野史別録』（朝鮮）刊　『新板清正記』刊
一六六四	浅井了意か『将軍記』刊【この頃まで朝鮮軍記物の第二期】
	『続撰清正記』・和刻本『武備志』刊
一六六九	**※蝦夷シャクシャインの反乱**
一六七一	島津久通『征韓録』序
一六八八	松下見林『異称日本伝』序
一六九五	和刻本『懲毖録』刊（貝原益軒序）
一七〇二	**※『藩翰譜』成立**・大田信一『高麗陣日記』刊
一七〇五	姓貴『朝鮮軍記大全』・馬場信意『朝鮮太平記』刊【この頃まで朝鮮軍記物の第三期】
一七〇七	閑雲子『和州諸将軍伝』刊
一七一二	**※『和漢三才図会』自序**
一七一四	香西成資『南海治乱記』刊
一七一五	近松門左衛門『国性爺合戦』（大坂竹本座）
一七一九	近松門左衛門『本朝三国志』（大坂竹本座）
一七三九	湯浅常山『常山紀談』自序
一七五七	『朝鮮征伐軍記講』成立（一七七一年に整理）
	同じ頃、『朝鮮征伐記評判』も成立
一七六三	近松半二ら『山城の国畜生塚』（大坂竹本座）
一七七二	この頃、『太閤真顕記』成立
一七八〇	**※『都名所図会』刊**

一七九一	**※松平定信、異国船来航禁止**
一七九六	山崎尚長『両国壬辰実記』成立。
一七九七	近松柳助ら『鬼上官漢土日記』（大坂豊竹座）
一八〇八	辰岡万作ら『けいせい遊山桜』（大坂中の芝居）
一八〇一	秋里籬島『絵本朝鮮軍記』刊
一八〇二	武内確斎稿・岡田玉山画『絵本太閤記』六編刊
一八〇四	『絵本太閤記』七編刊 **【この頃まで朝鮮軍記物の第四期。以降、第五期】**
一八〇五	鶴屋南北『天竺徳兵衛韓噺』（江戸河原崎座）
一八〇九	**※ロシア使節レザノフの通商要求を拒絶**
一八一一	古賀侗庵「豊王征韓論」成立
一八一三	**※蝦夷地と樺太で日露衝突**（〜一八一三）
一八一六	古賀侗庵「豊太閤征韓論」成立
一八二五	**※英国艦二隻、琉球訪問**
	会沢正志斎『新論』成立
一八二九	**※異国船打払令**
一八三一	頼山陽『日本外史』刊
	古賀侗庵『良将達徳鈔』成立
一八四〇	川口長孺『征韓偉略』刊
一八四二	『天野源右衛門朝鮮物語』刊
一八四六	**※アヘン戦争（〜一八四二）**
一八四八	『三韓退治図会』刊
	※アメリカ、日本に通商要求
	『六雄八将論』成立

一八四九	『朝鮮物語』（藤森弘庵序）刊
	和刻本『隠峰野史別録』刊
一八五一	**※吉田松陰、水戸で青山延光・豊田天功らに会う**
一八五二	青山延光『征韓雑誌』（豊田天功跋）成立
一八五三	鶴峯戊申校・橋本玉蘭画『絵本朝鮮征伐記』初編刊
	※ペリー来航
一八五四	『絵本朝鮮征伐記』後編刊
	『朝鮮征討始末記』刊
	※吉田松陰、再来日したペリー艦隊に乗船しようとして失敗
一八五五	吉田松陰『講孟余話』
一八五六	吉田松陰『幽囚録』
一八五九	**※吉田松陰斬首**
一八六四	大槻磐渓『近古史談』刊**※天狗党の乱勃発**
一八六八	**※王政復古（明治維新）**
一八六九	**※朝鮮に国交更新を申し込むが不調**
一八七〇	岡谷繁実『名将言行録』刊
一八七三	**※征韓論政変**
一八七四	**※台湾出兵**
一八七五	**※千島樺太交換条約**
一八七六	長内良太郎・鈴木実『朝鮮柳氏懲毖録対訳　巻之一』刊
	※日朝修好条規で朝鮮との紛議解決
一八七七	**※西南の役**
一八七八	神功皇后、日本最初の紙幣の肖像画となる（キヨソーネ画）

	※琉球処分
一八八〇	豊国神社として豊国廟再建
一八八二	『良将達徳鈔』再刊
一八九〇	**※山県有朋「外交戦略論」成立**
一八九一	歌舞伎『太閤軍記朝鮮巻』（江戸歌舞伎座）
一八九三	木下真弘『豊太閤征外新史』刊
一八九四	北豊山人『文禄慶長朝鮮役』刊
	松本愛重『豊太閤征韓秘録』刊
	山口昂『朝鮮懲毖録』刊
	村井弦斎「朝鮮征伐」連載
	※内村鑑三『代表的日本人』刊
	※日清戦争開始
一八九五	『名将言行録』増補再刊
	※下関条約
一八九八	豊臣秀吉没後三百年祭
一九〇四	**※日露戦争開始**
一九〇九	加藤清正没後三百年祭
	『名将言行録』再刊（大隈重信ら序）
一九一〇	**※日韓併合**

●井上泰至（いのうえ・やすし）
1961年、京都市生まれ。上智大学文学部国文学科卒。同大学院文学研究科国文学専攻博士後期課程単位取得満期退学。現在、防衛大学校人間文化学科准教授。

【著書】

『雨月物語論―源泉と主題』（笠間書院、1999）、『サムライの書斎―江戸武家文人列伝』（ぺりかん社、2007）、『江戸の恋愛作法』（春日出版、2008）、『〈悪口〉の文学、文学者の〈悪口〉』（新典社、2008）、『雨月物語の世界 上田秋成の怪異の正体』（角川選書、2009）、『恋愛小説の誕生―ロマンス・消費・いき』（笠間書院、2009）、『春雨物語 現代語訳付き』（角川ソフィア文庫、2010）など。

●金時徳（キム・シドク）
1975年、韓国ソウル生まれ。高麗大学日本文学科の学部・大学院（博士課程修了）・非常勤講師を経て、2010年に国文学研究資料館（総合研究大学院大学）で博士号を取得。現在、高麗大学日本研究センターHK研究教授。専門は日本近世文学・日本文献学・戦争史。

【著書】

単著に、『異国征伐戦記の世界-韓半島・琉球列島・蝦夷地』（笠間書院、2010）、『江戸人の壬辰戦争』（学古斎、2011）。共著に、『読本【よみほん】事典　江戸の伝記小説』（笠間書院、2008）、『壬辰倭乱関連日本文献解題　近世編』（図書出版文、2010：2010年度韓国文化体育観光部優秀学術図書）、『中世の軍記と歴史叙述』（竹林舎、2011）など。

秀吉の対外戦争：変容する語りとイメージ――前近代日朝の言説空間

2011年6月30日　初版第1刷発行

著者　井上泰至
　　　金時徳

発行者　池田つや子
発行所　有限会社　笠間書院
東京都千代田区猿楽町2-2-3［〒101-0064］
NDC分類：913.5　電話　03-3295-1331　Fax　03-3294-0996

ISBN978-4-305-70551-8

乱丁・落丁本はお取りかえいたします。　印刷／製本：シナノ
出版目録は上記住所または http://kasamashoin.jp/ まで。